Daniel Lehmann

Qual der Wa(h)l

Daniel Lehmann

Qual der Wa(h)l

Kurzwaltaste

Bloggingbooks

Impressum / Imprint
Bibliografische Information der Deutschen Nationalbibliothek: Die Deutsche Nationalbibliothek verzeichnet diese Publikation in der Deutschen Nationalbibliografie; detaillierte bibliografische Daten sind im Internet über http://dnb.d-nb.de abrufbar.

Bibliographic information published by the Deutsche Nationalbibliothek: The Deutsche Nationalbibliothek lists this publication in the Deutsche Nationalbibliografie; detailed bibliographic data are available in the Internet at http://dnb.d-nb.de.

Coverbild / Cover image: www.ingimage.com

Verlag / Publisher:
Bloggingbooks
ist ein Imprint der / is a trademark of
AV Akademikerverlag GmbH & Co. KG
Heinrich-Böcking-Str. 6-8, 66121 Saarbrücken, Deutschland / Germany
Email: info@bloggingbooks.de

Herstellung: siehe letzte Seite /
Printed at: see last page
ISBN: 978-3-8417-7057-8

Vorwort

Liebe Leser!

Seit jeher lässt sich der Mensch von Geschichten begeistern. Sie bringen uns zum Lachen, rühren uns zu Tränen oder stimmen uns nachdenklich. Kurz gesagt: Geschichten sind Emotionen, egal ob es die Grusel-Story am Lagerfeuer mit Freunden im Wald ist oder das Märchen, das die Mutter ihrem Kind am Bett vorliest. Natürlich unterscheiden sich Geschichten. Nicht nur inhaltlich, sondern auch in der Art und Weise, wie sie präsentiert werden. Doch das wesentliche Rüstzeug für Erzähler (wenn sie sich nicht auf ihre eigenen Erlebnisse beziehen) ist die Fähigkeit zuzuhören. Denn die Welt hat so viel zu bieten, jedes Leben ist auf seine Weise so einzigartig, dass im Grunde jeder von uns ein unterhaltsames Drehbuch zu einer Serie oder einem Film schreiben könnte, allein auf der Grundlage seiner persönlichen Lebensgeschichte. Nicht immer ist diese heiter, umso wertvoller macht es sie in gewisser Weise aber für andere. Beim Schreiben dieser Kurzgeschichten habe ich größtenteils Geschehnisse aus meinem direkten oder unmittelbaren Umfeld verarbeitet, wenn auch oft mit einem Augenzwinkern. Bevor ich aber hier zu viele Worte verliere und dann womöglich keine mehr für das eigentliche Buch übrig bleiben, wünsche ich an dieser Stelle nur noch viel Spaß beim Lesen und hoffe, dass sie mit ihrer eigenen Geschichte zufrieden sind.

Ihr

Daniel Lehmann

Inhaltsverzeichnis

Vorwort....1
Qual und das Bad....5
Qual und das Denkmal....6
Qual und das Glücksspiel....7
Qual und der Kater....9
Qual und das Horoskop....10
Qual und das Kino....11
Qual und das Onlineshopping....13
Qual und das Radio....16
Qual und der Alkohol....17
Qual und das Rauchen....19
Qual und das Telefon....22
Qual und die Videothek....23
Qual und das Universum....26
Qual und das Versprechen....27
Qual und der Name....30
Qual und der Albtraum....33
Qual und der Banküberfall....34
Qual und der Boxkampf....36
Qual und der Frauentag....38
Qual und der Krieg....39
Qual und der Oscar....40
Qual und der PC....42
Qual und der Supermarkt....43
Qual und der Valentinstag....44
Qual und der Zufall....46
Qual und die Angst....47
Qual und die Bahn....49
Qual und die Blutspende....53
Qual und die CeBIT....54
Qual und die Disco....56
Qual und die Elefanten....58
Qual und die Erfindung....61
Qual und die Fee....63
Qual und die Fitness....65
Qual und die Frauen....67
Qual und die Kindheit....69
Qual und die Kunst....71
Qual und die Langeweile....72
Qual und der Nebenjob....73

Qual und die Ostsee....74
Qual und die Poesie....76
Qual und die Poesie II....77
Qual und die Poesie III....78
Qual und die Schulden....79
Qual und die Superhelden....80
Qual und die Wellness-Oase....82
Qual und das Fernsehen....83
Qual und die Zeit....85
Qual und Mark Wa(h)lberg....86

Qual und das Bad

Mit schmerzverzerrtem Gesicht schlich ich in die Küche, Qual saß am roten Küchentisch und studierte die Zeitung. Erfahrungsgemäß konnte dies eine Weile dauern. Als nur noch der Lokalteil übrig war, der noch weniger Aufmerksamkeit von ihm bekam als ich, wandte er sich mir zu. "Wen hast du denn beim Duschen verdroschen? Bist du jetzt der neue Bad Spencer?" Seinen Wortwitz ignorierend erzählte ich: "Bin ausgerutscht und gegen eine Fliese gekracht. Hätte nicht gedacht, dass ich das mal sage, aber wir haben unser Bad zu gründlich geputzt. Der leichte Schmutzfilm hat doch immer für einen gewissen Halt gesorgt. Jedenfalls können wir unsere geplante Runderneuerung schon eher in die Tat umsetzen."

"Und was schwebt dir da jetzt vor?", erkundigte sich Qual, der kurz überlegt hatte, ob er nicht doch noch nach dem Lokalteil greifen sollte. "Hauptsache keine Terrazzoplatten, die sieht man inzwischen wieder viel zu oft. Hotels mit Terrazzoplatten spielen auch Bach auf der Toilette." Auch wenn Qual und ich oft nicht einer Meinung waren, so stimmten wir doch bei der unserer Ansicht nach zu herrschenden Ruhe auf dem Abort überein, also erwiderte er ironisch: "Stimmt. Am besten dann noch seine Kantate "Weinen, klagen, sorgen, zagen", damit man den Verzehr der miesen Miesmuscheln vom Buffet des Vorabends nochmal so richtig angemessen bereuen kann." Er gluckste freudig bei der Premiere seines neuesten Kopfkinos. "Meinst du nicht doch eher die Pilze mit Pilzbefall?", vergewisserte ich mich lächelnd. "Allzu saure saure Gurken?" Ich musste überlegen. "Pappige Paprika?" Qual schüttelte den Kopf. "Okay, der letzte war nichts, du hast gewonnen. Hast du Hunger?", fragte ich. "Jetzt nicht mehr."

Qual und das Denkmal

"Wie würdest du Kultur definieren?", fragte mich Qual während des Frühstücks. "Wie kommst du jetzt darauf? Hm, wahrscheinlich eine Mischung aus allem Schöngeistigen, gepaart mit den sozialen Gepflogenheiten oder so?! Und dann gibt es noch Joghurtkulturen, die sehen nach zwei Wochen auch spektakulär aus", antwortete ich mit noch vollem Mund. Qual schien mit dieser Antwort noch nicht ganz zufrieden: "Du würdest also zugeben, dass eine Begriffsabgrenzung schwierig ist?" Ich nickte. Und kaute weiter. Qual fuhr fort: "Wie kann dann festgelegt werden, was als kulturelles Erbe für die Nachwelt von Bedeutung ist?" "Erkläre dich bitte."

"Regelmäßig werden weltweit Dinge als schützenswertes Gut eingestuft, ohne an die Konsequenzen zu denken. Vor allem die EU ist da ziemlich hinterher. Der Europarat hat sogar 1991 die "European Heritage Days" ins Leben gerufen. Noch mehr Gedenktage, aber das Thema hatten wir ja schon zur Genüge behandelt. Jedenfalls stehen immer mehr Denkmäler unter Schutz oder werden gar neu erbaut. Aber denk mal nach, was ein Denkmal so nach sich zieht. In Winnenden steht ein Denkmal für den Mops vom Herzog Karl Alexander von Württemberg. Und warum?" "Ja, warum?", fragte ich. "Weil er in einer Schlacht alleine den Weg nach Hause gefunden hat! Na Wahnsinn! Ich sage: Feiger Deserteur! Und so eine Töle bekommt eine eigene Skulptur!" Ich wischte die Brotkrümel vom roten Küchentisch und schaute ihn an. "Wenn ich dich richtig verstehe, machst du dir also Sorgen, dass durch eine inflationär oft durchgeführte Einstufung als Denkmal gewisse Objekte der Nachwelt erhalten bleiben, die mitunter nicht ganz deinem Verständnis von Kultur entsprechen?" Qual fühlte sich bestätigt: "Genau, dann gibt es nur noch Möpse. Und die Kultur geht vor die Hunde."

Qual und das Glücksspiel

"Warum schaust du denn so bedröppelt?", wunderte sich Qual, als ich zur Tür herein kam. Ich legte den aktuellen Kontoauszug auf den roten Küchentisch und starrte ihn an. Die Zahlen darauf waren im selben Farbton wie die Oberfläche, auf dem sich der Audruck nun befand. "Warum schulden wir einer Gesellschaft in Marsaskala Geld für Glücksspiele im Internet?" Qual wackelte verlegen mit der Flosse, spitzte ein wenig die Lippen und drehte sich mehrmals langsam um seine eigene Achse, um dann kleinlaut zuzugeben: "Ich hab es ja nur gut gemeint. Dein Geist war willig, aber sein Geist war schwach. Wenn auch nur für den einen, zugegeben entscheidenden, Moment. Ansonsten hat meine Theorie aber furchtbar gut funktioniert!"

Gepackt von der Neugier durch die sich mir neu stellenden Fragen vergaß ich vorerst sauer zu sein. "Welche Theorie? Und was hast du überhaupt gespielt?" Qual witterte seine Chance mich weiter abzulenken und erzählte: "Online-Poker! Erschien mir etwas sicherer als Roulette, wer weiß was die für Zufallsprogramme haben. Und meine Theorie? Antizyklisches Verhalten! Was der Wirtschaft gut tut, kann auch bei unserer persönlichen Finanzpolitik nicht schaden. Habe immer so gespielt, wie es kein Mensch erwarten würde. Nur am Ende ging das jeweils schief." "Am Ende? Man gewinnt nun mal immer solange bis man verliert. Du hast also nicht nur einen Moment nicht aufgepasst, sondern du warst im Spielfieber!" Betreten schaute Qual auf den Boden. "Aber lass mal, ich hab auch schon 30 Pfund beim Hütchenspiel in London verspielt", gab ich zu. "Hütchenspiel? Aber das sind doch Banden! Da hättest du höchstens mit antizyklischem Verhalten..."

Philoso-Fisches:

Auf dem Teppich zu bleiben heißt nicht, dass man mit einem solchen nicht fliegen darf.

Qual und der Kater

"Weißt du, ich finde wir sollten mal....AAAAARHG!", entfuhr es Qual, als er den kleinen Kater im Zimmer erblickte. "Das ist Peter, der ist uns einfach zugelaufen", klärte ich Qual auf. "Zugelaufen? Verstehe. Peter hat hier an der Tür geklingelt und meinte "Hallo, ich bin der Peter, ich wohne jetzt hier?", oder was?" "Naja, zumindest ist er mir auf der Straße permanent nachgelaufen und saß ständig am Briefkasten." Qual schaute skeptisch. "Auf der Straße? Dir ist schon klar, dass dein vierbeiniger neuer Freund wahrscheinlich holometabole Insekten en masse transportiert? Ich bin nicht amused, hoffentlich nimmst du das zur Kenntnis. Hätte es eine senile Katzendame aus dem Tierheim nicht auch getan? Maximal zwei Jahre füttern und ein warmes Plätzchen bieten und danach hoffen, dass nach dem Ableben hier kein weiterer Geist auftaucht. Aber du musst ja gleich wieder Mr. Tierschutz spielen. Und was nun? Sind wir jetzt Auffangstation für arme Seelen? Bauen wir morgen einen Krötenzaun?" "Du hast dich auch nicht gerade angemeldet, also gleiches Recht für alle. Vielleicht wird er irgendwo vermisst. So klein sind Kater bestimmt nur kurz nach der Geburt. Wenn wir nur wüssten wie alt er ist." "Das ist einfach: Aufschneiden und Jahresringe zählen."

Qual schaute auf das dunkle Fell von Peter und ergänzte: "Du bist wieder mal zu gut für die Welt. Da will jemand das Vieh loswerden und du lässt dir den schwarzen Peter zuschieben!" Ich überlegte. "Er bleibt ja nicht für ewig. Aber zumindest solange, bis wir was herausgefunden oder etwas besseres für ihn haben. Vertragt euch, hab grade keinen Nerv für Katz-und-Wal-Geschichten!" Ich ging in die Küche und suchte das Abendbrot zusammen. Qual tigerte um Peter herum und flüsterte: "Ich beobachte dich, Freundchen!"

Qual und das Horoskop

"Sie überschätzen wieder ihre Kräfte. Wenn ihr Körper die ständigen Härtetests satt hat, wird er eine Zeit lang streiken!", las Qual mir vor, *"Erfolgswut macht engstirnig!"* Ich musste lachen. "Wer an die Bedeutung von Sternkonstellationen glaubt, kann auch aus einem Kaffeesatz lesen." Qual blickte kurz über den Rand der Zeitung. "Aber so verkehrt klingt das doch gar nicht!" Ich setzte mich zu ihm an den roten Küchentisch und ging mit ihm weitere Horoskope durch. "Natürlich klingt das nicht verkehrt, muss ja allgemein und auf jeden anwendbar sein. Radioaktive Fruchtfliegen oder ein Furunkel am Gesäß wären da zu speziell."

Aus Langeweile überprüften wir sämtliche Botschaften. "Zur Belustigung können die allerdings manchmal ganz hilfreich sein. Gefährlich wird es, wenn man seinen Alltag danach ausrichtet, was man gelesen hat. Schau mal, Fische." Qual schüttelte den Kopf: "Ich bin aber Säugetier, daher eher Wassermann!" Ich las also: *"Am Arbeitsplatz: cool bleiben! Dass ihrem Gegner jedes Mittel recht ist, darf Sie nicht verleiten, ebenso zu handeln."* Wie auf Kommando kam Kater Peter zur Tür herein und legte sich in seine Ecke, sehr zu Quals Ärger, der sein Horoskop wieder nur in eine Richtung interpretierte. "Lies mal vor, was die Sterne zu Peter sagen. Stubentiger gibt es ja nicht, nimm Löwe", bat ich ihn. Qual trug missmutig vor: "*Sie sind krisenfest genug, um unangenehmen Situationen ins Auge zu schauen. Werden sie erwachsen, stellen sie sich der Realität!"* Triumphierend schaute er zu unserem Vierbeiner: "Da hast du es, Peter! Still watching you!"

Qual und das Kino

"Titanic läuft bald wieder,06. April angeblich- diesmal sogar in 3D!", schlug Qual einen baldigen Besuch eines Lichtspielhauses vor. "Und das ist kein Aprilscherz?", hakte ich ungläubig nach. "Denke nicht, aber ist doch großartig!" Desinteressiert ließ ich die Zeitung auf den roten Küchentisch fallen. "Na Wahnsinn, ich wollte schon immer einen Eisberg dreidimensional sehen, erlebt man ja in der freien Wildbahn nur noch ganz selten. Oder die Szene, in der Leo Kate Winslet im Auto winseln lässt. Die Filmindustrie ist doch inzwischen dermaßen geldgeil, dass es mich nicht wundern würde, wenn nach "2012" noch die Fortsetzung "2013" gedreht wird. Und dieses 3D-Gehabe! Wo das hinführt! Irgendwann gibt es keine Körbchengröße Doppel-D mehr, sondern nur noch 3D!" "Wollen wir Columbo schauen?", unterbrach mich Qual. "Jau, mach an."

Philoso-Fisches:

Das Leben ist wie eine Schachtel Pralinen: Mal süß, mal zartbitter, aber dazwischen auch oft genug gefüllt mit Alkohol.

Qual und das Onlineshopping

Wir saßen in der Küche und betrachteten meinen soeben gelieferten Wikingerhelm mit blonden Kunsthaaren.

“Amazon macht mir langsam Angst. Die Vorschläge, was mich noch so interessieren könnte, interessieren mich mittlerweile tatsächlich erschreckend oft. Da steckt mehr als eine Analyse der bisherigen Einkäufe und der angesehenen Artikel dahinter. Wie machen die das?”, fragte ich Qual. “Normalweise würde ich dir nun liebend gern eine logische Erklärung liefern und dein ungläubiges Staunen mit einem müden Lächeln abtun, aber mir geht’s da ausnahmsweise ähnlich. Kennst du noch Paul, die Orakelkrake?” “Ja klar, der unpatriotische Oktopus. Wie kommst du jetzt auf den?” “Ich hab mir dazu schon längst Gedanken gemacht. Google hat bekanntlich weltweit Serverfarmen. Warum sollte Amazon keine Krakenfarmen haben? Jeder Kunde hat seinen persönlichen Tintenfisch, der sich täglich aus tausenden Produkten die passenden aussucht und dabei ständig futtert. Die Reproduktionsrate von Kraken ist hoch genug, dadurch wird die geringe Lebenserwartung von nur rund zwei Jahren ausgeglichen.

Kurz vor dem erwartbaren Exitus vermittelt die aus dem Dienst ausscheidende Krake einem achtarmigen Praktikanten dann das gesammelte Wissen, der Käufer bekommt von dem Generationswechsel nichts mit. Jetzt wirst du dich fragen, wie ich darauf gekommen bin.” Qual sah mich an. “Ach ja, mein Einsatz. Oh mein Gott, wie bist du nur darauf gekommen?” Qual fuhr fort: “Da sich Amazon und das Shoppen im Internet allgemein steigender Beliebtheit erfreuen, wächst in der Folge auch der Bedarf an Kraken, die ihre Prophezeiungen der Wirtschaft zugute kommen lassen. Eine größere Tintenfischpopulation bedeutet gleichermaßen eine größere Zahl an verstorbenen Tieren. Und jetzt sieh dir mal die sinkenden Preise für die

500g-Packung Calamaris an!"

Aus unserer Reihe "Anwendung allgemein gültiger Sprichwörter im Alltag" präsentieren wir heute:

Man soll den zweiten Schritt nicht vor dem ersten machen.

Praxis: Mach die elektrische Zahnbürste erst an, nachdem die Zahnpasta auf den Bürstenkopf aufgetragen wurde.

Qual und das Radio

Wir saßen in der Küche und aßen Abendbrot. Qual schien nicht wirklich Appetit zu haben, vielmehr stocherte er unruhig in seinem Auflauf herum. Im Hintergrund lief das Radio. Da Qual nicht zum Reden aufgelegt war, hörte ich genauer hin.

...und gleich bei QualFM: Interview mit einem Vampir in Hörspiel-Kurzfassung, von mir Ukulele spielend vorgetragen...

"Ist es das, was ich denke?", wollte ich ungläubig wissen. "Genau! Unser eigener Piratensender! Wir sind jetzt sozusagen radioaktiv", freute er sich. Ich fragte mich, wie groß dieser Eisberg noch sein würde, von dem Qual immer neue Spitzen auf mich losließ. "Was geht in deinem Kopf eigentlich vor? Was wollen wir mit einem Sender? Und was hat das schon wieder gekostet?" "Wir sind der erste Spartensender, dessen Spartenprogramm täglich wechselt. So gesehen eine akustische Wundertüte. Das fasziniert die Hörer. Endlich weg von den immergleichen Playlists. Und die Kosten? Ach, das finanziert sich am Ende doch ohnehin größtenteils mit Werbung." Ich warf ein: "Qual! Niemand zahlt Geld an einen illegalen Sender!" Er schnaubte trotzig. "Da sieht man mal wieder, wie der kreative Geist durch den Staat eingeengt wird. Die Gedanken sind vielleicht frei, aber sonst heißt es überall: Lizenzen! Zum Angeln eine Angellizenz, bei YouTube spielt die GEMA verrückt und selbst James Bond braucht eine! Ohne Moos ist halt wirklich nichts los. Aber das ist eigentlich nicht weiter dramatisch, die Anlage war günstiger, als du vielleicht denkst. FM-Transmitter sind inzwischen legal, ansonsten ein Tonbandgerät hier, eine Antenne da. Fertig! Heutzutage kann ja jeder Depp Radio machen", behauptete Qual. "Beweisstück A", sagte ich und zeigte auf ihn.

Qual und der Alkohol

Lieber Alkohol!

Sorgfältig wirst du gegärt
bei Alt und Jung bist du begehrt
In den Kaffee kommt ein Schuss
Schon wird der zum Hochgenuss
Abends noch ein Gläschen Wein
Kann auch echt gemütlich sein
Ist die Stimmung mal beklemmend
Wirkst du meistens schnell enthemmend
Willst du die Vernunft besiegen
Musst du sie zu Boden kriegen
Liegt einmal der Magen quer
Hilft ein Schluck von dem Likör
Auf reichlich Hopfen und Malz
Folgt lecker Stulle mit Schmalz

Aber, lieber Alkohol!

So geht das nicht
Selbst die Schotten machst du dicht
Und die Welt gerät ins Wanken
Weil wir zu viel von dir tranken
Schaut man ins Glas besonders tief
Wird so mancher aggressiv
Die größte Schuld an Zwist und Zorn

Hat nicht umsonst der Apfelkorn
Und auch der Körper macht nicht mit
Tankt er länger falschen Sprit
Ein Freund von mir, der ist dement
Seitdem er in die Kneipe rennt
Ich weiß, es ist hart, ja fast gemein
Doch ich will nicht mehr betrunken sein

...

Ach nu schau bitte nicht so betroffen
Du wirst morgen eh wieder gesoffen

Qual und das Rauchen

“Bist du gestern wieder feiern gewesen?”, fragte mich Qual eines Morgens. “Ja, woher weißt du das?”, staunte ich zunächst verblüfft. Er erklärte in Sherlock Holmes-Manier: “Dafür gibt es mehrere, auch für Laien unübersehbare, Indizien, mein werter verkaterter Watson. Zum einen die Halonierung…” “Die was?”, unterbrach ich ihn. “Die Halonierung der periorbitalen Region. Im Volksmund vielleicht besser bekannt als Augenringe. Deine sind dermaßen ausgeprägt, dass man prima eine Lemniskate, das mathematische Symbol für Unendlichkeit, daraus machen könnte. Außerdem bist du in deiner Kleidung von gestern Abend ins Bett gegangen, eher untypisch für dich. Aber was mir trotz zurückgebildetem Riechnerv am meisten auffällt: Du stinkst bestialisch nach Zigarettenqualm.” Erst jetzt nahm ich die Rückstände von verbranntem Tabak in meinen Sachen olfaktorisch wahr. Sofort fing mein Schädel an zu brummen.

“Oh man. Ich bin normalerweise äußerst weltoffen und tolerant, aber bei Rauchern hört der Spaß auf. Versteh mich nicht falsch, von mir aus kann jeder rauchen, was und so viel er will. Jedem Tierchen sein Pläsierchen, nicht? Aber dann sollte man damit andere auch irgendwie in Ruhe lassen. Man müsste da mal was entwickeln, mit Schläuchen und einer Kuppel oder so.” Qual überlegte. “Das gestaltet sich natürlich als schwierig, selbst mit deinen futuristischen Ideen. Wie würdest du denn für Rauchverbote an öffentlichen Plätzen argumentieren, wenn jemand auf sein Freiheitsrecht pocht?” “Ist das dein Ernst? Im Gegensatz zum Großteil der sonstigen Genussmittel sind beim Rauchen auch Menschen in unmittelbarer Nähe davon betroffen, die den Qualm in der Regel überhaupt nicht abbekommen wollen. Wer anderen die Wahl nimmt und dadurch noch zusätzlich nachweislich gesundheitlich schadet, kann sich nicht wirklich über eine vermeintlich unfaire Behandlung beschweren. Überleg doch mal: Wenn jemand Blähungen nach leidenschaftlichem

Bohnengenuss verspürt und diesen an einem Bahnhof freien Lauf lässt, dann bekäme derjenige doch auch bescheinigt, dass es stinkt! Vor anderen zu furzen, ist unhöflich, rauchen nicht. Für mich unverständlich!"

Philoso-Fisches:

Wenn der Wurm noch nicht aufgestanden ist, kann der frühe Vogel lange warten.

Qual und das Telefon

"Kannst du mir mal kurz helfen?" rief Qual hörbar entnervt. Auf dem roten Küchentisch lagen diverse Anleitungen, Kopfhörer, Ladekabel und die Verpackung von einem Smartphone. "Du hast dir eins gekauft?! Wozu? Und überhaupt...wieder von meinem Geld???" Qual überging gewollt den Finanzierungsaspekt und sagte: "Tja, man muss ja mit der Zeit gehen. Außerdem muss ich für meine Kontakte erreichbar sein." Ich dachte kurz nach. "Aber du hast doch niemanden außer mir, oder?" Jetzt musste Qual überlegen. "Das reicht mir. Ich weiß oftmals nicht wo du steckst. Wenn ich mir dann Sorgen mache, kann ich mich erkundigen", freute er sich. Ich stöhnte auf und überlegte, ob Qual schon von der Nummer-blockieren-Funktion gehört hatte und wie ich ihm das gegebenenfalls als Systemfehler verkaufen könnte.

"Wo ist nun dein eigentliches Problem?", fragte ich auf ärgere Schwierigkeiten, die mir zumindest noch ein ruhiges Wochenende bescheren würden, hoffend. Mit Grimm hielt mir Qual das Smartphone entgegen. "Dieser neumodische Kram ohne Tasten funktioniert nicht!" Wir überflogen die technischen Hinweise. "Dein Smartphone hat einen kapazitiven Touchscreen, da kommst du mit deiner Geisterflosse nicht weit. Nimm einen leitfähigen Eingabestift, dann sollte das gehen. So, ich muss los, bis später!" Kurz nachdem ich das Haus verlassen hatte, erhielt ich eine Nachricht: "*Hab übrigens auch eine SMS-Flat :) Gruß, Qual*"

Qual und die Videothek

Vor gut einer Woche hatte gleich um die Ecke eine neue Videothek aufgemacht. Kurze Zeit später fand Qual heraus, dass der Laden nur deshalb so günstig Filme verleihen und auch verkaufen konnte, weil der Betreiber hauptsächlich mit Raubkopien arbeitete. Aufgefallen war ihm diese Tatsache, als mehrere Streifen, die er sich für seinen geplanten Italo-Western-Abend von mir besorgen ließ, nur englische und thailändische Menüs aufwiesen und durchweg in ein 4:3 Bildformat gepresst waren. Soweit ich weiß hat er seinen Abend dennoch durchgezogen. Zumindest kann man seitdem „Für eine Handvoll Dollar ("ไม่กี่ดอลลาร์")“ auf thailändisch als Notiz auf dem Kühlschrank stehen sehen, gcfolgt von einer Liste der benötigten Produkte für unseren nächsten Einkauf.[1]

Konfrontiert mit den Ergebnissen unserer Ermittlung und unter der Last der Beweise versprach uns der Betreiber seine Videothek unser ganzes Leben lang kostenlos nutzen zu dürfen. Das Gespräch fand in einem spärlich beleuchteten Hinterzimmer statt. Der Lichtkegel einer kleinen Lampe, die vom Luftstrom eines großen Ventilators in Bewegung gesetzt wurde, zeigte abwechselnd auf den in etwa 43-Jährigen und uns. Obwohl es nicht zuletzt wegen dem Ventilator ziemlich kalt im Raum war, rann ihm der Schweiß sturzbachartig von der Stirn herunter. Sein äußerst voluminöser Oberlippenbart schien wie ein Staudamm zu wirken, ließ auch dieser die Schweißperlen passieren. Fasziniert von diesem Schauspiel, starrten Qual und ich minutenlang nur auf den Bart des Videothekars. Unser Schweigen machte ihn nur noch nervöscr, wodurch er noch stärker schwitze, was uns dazu brachte, noch intensiver zu starren. Eine prima geschlossene Kausalkette war das, die er erst durchbrach, als er mit zittriger Stimme sein Angebot wiederholte. Zunächst waren wir

1 (กระดาษชำระมะเขือเทศช็อคโกแลตสบู่)

uns nicht ganz einig, was wir von diesem cineastischen Schweigegeld halten sollten. Waren wir verpflichtet diese Straftat anzuzeigen? Andererseits schien sich niemand großartig über die Qualität der Filme aufzuregen. Dafür war der Preis schlicht zu gut. Und wir überlegten: Vielleicht hat der Mann Frau und Kinder, unter Umständen gleich mehrere, zu ernähren. Konnten wir wirklich das Schicksal einer sich liebenden Familie, die womöglich mit Hoffnungen und Träumen hergezogen war und mit der Videothek bestimmt das Studium der Kinder, die mal Astronaut und Bundeskanzler werden würden, finanzieren wollte, so einfach selbst bestimmen? „Werfen wir eine Münze", schlug Qual vor. „Damit entziehen wir uns nur der Verantwortung und legen die Entscheidung in die Hand einer unbeeinflussbaren Macht", gab ich zu bedenken, „egal wie gern wir sonst auf diese Weise die Dinge regeln." Qual legte seinen Kopf quer und dachte erneut nach.

„Mir fallen gleich mehrere thailändische Sprichwörter hierzu ein", grinste er. Neugierig horchte ich auf. „Das erste lautet: Wenn man eine Stadt betritt, wo die Bürger mit den Augen zwinkern, muss man mitzwinkern. Wenn sich also sonst niemand an den Geschäftsmethoden hier stört, tun wir das auch nicht. Das nächste: Sprechen ist zwei Groschen wert, Schweigen sind goldene Taler. Ihn zu denunzieren hat für uns keinen Vorteil, im Gegenteil. Wir belasten unser Gewissen, wenn wir seine wirtschaftliche Existenz vernichten. Und die DVDs sind für uns dann ohnehin gestorben. Und das letzte: Auch die Fische des Königs haben Gräten. Niemand ist perfekt, Daniel. Und wem schadet er schon großartig? Der Industrie? Die wird es verkraften können. Wollen wir Gnade vor Recht ergehen lassen?"

Ich nickte und teilte dem Besitzer unsere Entscheidung mit. Völlig ermattet lächelt er kurz und ließ dann seinen Kopf auf den Schreibtisch fallen. Als er so da lag und innerhalb von Sekunden schlief, wussten Qual und ich, dass wir das Richtige getan hatten. „Die thailändische Kultur ist eine in vielen Belangen nachahmenswerte. Ihre Sprichwörter stecken voller Weisheit. Eins passt übrigens bestens zu dir: Wenn Du nicht gut tanzen kannst, sollst Du nicht die Schuld auf die Flöten und Trommeln schieben."

Philoso-Fisches (diesmal aus Thailand:

Wer keinen Kopf hat, kann nicht aus dem Fenster gucken.

Qual und das Universum

"Glaubst du eigentlich daran, dass es Außerirdische gibt?", fragte ich Qual. Er überlegte lange. Drei 5-Minuten-Terrinen später sagte er: "Sich weiter auszudehnen, ist auf jeden Fall das Beste, was das Universum machen kann. Solange ihr damit beschäftigt seid irgendwelche Gesetzmäßigkeiten zu ergründen, kommt ihr nicht auf dumme Gedanken. Von eurer technischen Begrenztheit bis in die tiefsten Tiefen vorzudringen mal ganz zu schweigen. Bislang musste ja stets jemand unter eurem Entdeckergeist leiden. Nimm die Dodos auf Mauritius. Kaum entdeckt, schon wurden sie verspeist."

"Und was ist nun die Antwort auf meine Frage?", hakte ich erneut nach. "Verzeih. Ich bin mir noch nicht schlüssig, welche Option ich persönlich ansprechender finde. Wenn es keine Aliens gibt, wäre der Mensch wohl die intelligenteste Lebensform im Universum. Und das könnte man als ein wirkliches Armutszeugnis betrachten. Ganz im Ernst, da muss es doch noch Alternativen geben. Andererseits würde ich gern das Gesicht sämtlicher NASA-Mitarbeiter sehen, wenn nach Jahrzehnten der Forschung und dem ganzen Geld, das in die Entwicklung und dergleichen gesteckt wurde, die Nachricht kommt: Sorry Jungs, da draußen gibt es in der Tat absolut gar nichts...nur Meteoriten, ein Haufen Sterne und alte, russische Satelliten."

Qual und das Versprechen

“Qual! Hast du mal in den Kühlschrank gesehen?”, fragte ich ihn mit grimmigem Unterton. “In der Tat, das tue ich allerdings des öfteren. Du müsstest deine Frage demnach auf temporärer Ebene präzisieren. Falls du es genau wissen willst, ist das Öffnen des Kühlschranks sogar mehr oder weniger meine Quelle der Inspiration. Jedes Mal, wenn mir noch ein kleines Detail für einen neuen genialen Plan fehlt, öffne ich besagtes Haushaltsgerät und ZACK! geht mir ein Licht auf”, erklärte er freudestrahlend. “Nette Geschichte, aber du weißt genau, worauf ich hinaus will. Ich rede vom Zeitraum von heute Nachmittag, als ich mir meinen Pudding machen wollte und dich bat, diesen dann nicht anzurühren, bis vor fünf Minuten, als ich mit Bedauern feststellen musste, dass sich die entsprechende Schüssel fein säuberlich ausgekratzt in der Spüle und nicht gefüllt im Kühlschrank befindet!” Qual schaute mich irritiert an. “Und wie kann ich dir nun helfen?” “Ach komm schon! Du hast mir versprochen ihn nicht zu essen! Ich hätte dir doch so oder so wieder was davon abgegeben. Aber das war nun wirklich nicht die feine englische Art!”

Quals Augen formten sich zu einem halb väterlichen, halb amüsierten Blick. “Zunächst einmal ist festzustellen, dass so etwas wie ein Versprechen kaum ernstzunehmen sein kann. Wer etwas verspricht, stellt sich selbst und sein Handeln törichterweise über alle denkbaren Ereignisse. Will heißen: Selbst wer seinen Verstand soweit im Griff hat, das Versprochene tatsächlich einhalten zu wollen, so können externe Umstände immer noch zu einem Bruch führen. Und die kann man nun mal nicht kontrollieren. Man kann zwar versprechen, dass man alles in seiner Macht stehende versuchen wird, aber selbst das beschwört im Endeffekt nur das Alibi des schwachen Menschen herauf. Mit diesem Wissen kann aber im Grunde auch niemand im Nachhinein das Nichterfüllen eines Versprechens anklagen. Was das menschliche Versagen an sich angeht…gut, das ist wahrlich unhöflich. So viel zu meiner Meinung. Ach ja, außerdem ging es im von mir geäußerten Versprechen nur um das ANRÜHREN des Puddings, was du dann netterweise selbst übernommen hast, vom ESSEN war nicht explizit die Rede. Inzwischen solltest du wissen, dass ich mein Vokabular wohlweislich verwende. Der Gedanke kam mir übrigens, als ich mal wieder in den Kühlschrank schaute, solltest du auch mal tun. Du findest vielleicht keine Idee zur Rettung der Umwelt, aber es kühlt deinen Kopf ab.”

Philoso-Fisches:

Wer sein Dasein hinter schwedischen Gardinen fristen will, muss nicht zwangsläufig zu IKEA.

Qual und der Name

Da Qual seit geraumer Zeit das Kochen für sich entdeckt hatte, besuchten wir regelmäßig diverse Buchhandlungen mit einer entsprechenden Auswahl an Literatur. Zwar haben wir nie ein Kochbuch gekauft, aber immerhin holte sich Qual bei jedem Ausflug Ideen für neue gustatorische Highlights zum Nachmachen in unserer IKEA-Küche. Dank seines fotografischen Gedächtnisses konnte er alsbald mehrere hundert Gerichte in seiner imaginären Speisekarte anbieten, wovon letztlich die meisten jedoch nach einmaliger Zubereitung nie wieder den Weg in Topf, Pfanne oder Backofen fanden. Nicht, weil es Qual nicht verstand sie schmackhaft zu servieren, sondern weil uns Lasagne und Spaghetti nach wie vor einfach am besten schmeckten. Ach ja, der Mensch, das alte Gewohnheitstier.

Als schließlich „Besser kochen mit Jamie Oliver“ für schlappe 26€ in den Handel kam, zog es uns erneut in einen Bücherladen. Während Qual mit einem ergatterten Exemplar durch die Gegend schwirrte und dabei nach und nach sämtliche 150 Rezepte laut vor sich hin brabbelte um sie sich besser einprägen zu können, stieß ich auf ein Regal mit dem Titel „Mein kleines Namensbuch“. Nach der fesselnden Lektüre wusste ich endlich alles über die Herkunft, Bedeutung und Häufigkeit meines Namens. Auch berühmte Personen wurden in jedem Band vorgestellt. Entweder als nette Information oder um zu zeigen, dass man tatsächlich mit jedem Namen Erfolg haben kann. Schließlich gibt es auch bekannte Justins und Kevins, wobei diese dann in der Regel eher Fußballer oder Teenie-Idol werden, statt einen funktionierenden Lösungsansatz für Weltwirtschaftskrisen, Überbevölkerung und schlechte Sequels zu liefern.

„Wenn ich mal Kinder haben sollte, bestehen deren Namen aus zwei Silben und sind möglichst selten!“ sagte ich zu Qual, der inzwischen nach mir gesucht hatte. „Warum gerade zwei?“ Ich zeigte auf das Regal und antwortete: „Analysiere einmal alle denkbaren Vornamen und du kommst auf das gleiche Ergebnis. Es ist doch so: Wir leben in einer schnelllebigen Epoche, alles wird immer hektischer. Da hat kein Mensch mehr die Zeit für lange Namen. Ehe man jemanden namens Johannes, Matthias oder Elisabeth vollständig begrüßt hat, kann man ihn auch gleich wieder verabschieden. Wenn man nicht abkürzen würde. Zukünftige Bewerbungsgespräche laufen dann so ab: „Hi (kürzer als Hallo), ich bin Jo(hannes) und brauch 'nen Job! Und einen Kaffee to go, zum hier Trinken fehlt mir ja die Zeit!“ Selbes Argument gilt für Doppel-Namen, die fallen gänzlich weg. Es würde ja ebenso wenig jemand auf die Idee kommen auf der Toilette zwei Mal zu spülen. Es sei denn, man hat richtig großen Mist produziert. Okay, in dem Fall ließe sich das sogar auf Doppel-Namen übertragen. Sobald feststeht, dass aus dem Kind nichts werden kann, darf man es mit 20 und mehr Buchstaben noch zusätzlich belasten. Naja, lassen wir das, zurück zum Normalfall: Wenn Eltern behaupten, dass sich Hanna Barbara und Olaf Günther ja später für einen Namen entscheiden können, ist das eben kein nettes Angebot, im Gegenteil. Entscheiden? Die heutige Generation ist ohnehin schon völlig überfordert angesichts der Vielzahl an Möglichkeiten in jedem Lebensbereich:

Welche Marmeladensorte schmiere ich mir auf mein Brot? Habe ich überhaupt Hunger auf Marmelade? Geschweige denn Brot? Was sagt das Brot über meinen Charakter aus? Sollte ich einfach ohne Frühstück zur Arbeit fahren? Moment mal, fahren? Oder doch mit der Bahn? Welche Arbeit überhaupt, ich geh doch noch zur Schule? Will ich mal arbeiten? Muss ich mal arbeiten? Ist das dann genau so wie damals, als ich mir zum ersten Mal selbst das Marmeladenbrot schmieren musste? Ich habe schon dabei versagt, bin ich überhaupt arbeitsfähig? Was kann ich eigentlich? Soll ich lieber viel Geld verdienen und mich langweilen oder meinem Traumberuf nachgehen und dafür hin und wieder auf Marmelade verzichten? Sollte ich sicherheitshalber Knäckebrot und Zwieback antesten? Ach, genug überlegt, ich esse jetzt Cornflakes. Die mit dem Tiger, ganz bestimmt...oder?“

Qual und der Albtraum

"Aaaaaaaaaaaah, nicht der Micra!" Schweißgebadet wachte ich auf. Qual hockte immer noch an der Konsole und ballerte Zombies mit einer Nadelpistole nieder. Ein Blick auf die Uhr, es war kurz vor fünf am Morgen. "Alles okay, Danny-Boy?", fragte er mich, ohne auch nur einen Moment vom Bildschirm wegzusehen. "Ich hab geträumt, dass Marc-Uwe Kling uns...naja, wohl doch eher mich, verklagt." Nun schaute er doch zu mir. "Warum sollte er das tun?" Die Frage schien ernst gemeint. "Na überleg doch mal. Wie sieht das denn aus? Ein Typ, der mit einem sprechenden Tier in Berlin wohnt und sich über den Alltag und sonstigen Kram Gedanken macht. Das wirkt doch alles allzu abgekupfert, fehlt eigentlich nur noch, dass du kommunistisch bist."

Qual schien kurz zu überlegen, ehe er sich wieder seinem Spiel zuwendete. "Und was war mit dem Micra?" Ich erzählte ihm von meiner ersponnenen Gerichtsverhandlung, an deren Ende der Richter mich zu 20 Jahren Steine kloppen verdonnerte und ich eben obendrein meinen Micra als quasi Wiedergutmachung an "Herrn Kling und Känguru" abzutreten hatte. Wie selbstverständlich antwortete er umgehend: "Mach dir mal keinen Kopf. Den Micra will kein Mensch haben, Steine kloppen ist so was von 19. Jahrhundert und überhaupt: Ich war auf der Grünen Woche - Känguru-Bratwurst schmeckt genauso wie eine normale Thüringer, das wird schon." Ein letztes Zischen, dann ein Röcheln. Wieder ein Zombie weniger. "Ach übrigens, ich brauch ein neues Spiel, bin schon wieder durch."

Qual und der Banküberfall

Nachdem Quals neues Kunstprojekt - eine Miniaturnachbildung des Eiffelturms aus Bierkästen - lange genug für Aufsehen gesorgt hatte, entschlossen wir uns dazu die angesammelten Flaschen wegzubringen. Somit ergatterten wir gleich zwei Einträge im Guiness Buch der Rekorde: Den für das im wahrsten Sinne des Wortes größte Kunstwerk auf Alkoholbasis und einen für den wertvollsten Pfandcoupon, der jemals in einem Supermarkt eingelöst wurde. Zeitweise war dieser Insidern zufolge mehr wert als eine Aktie von Apple. Später wurde er mehrfach bei diversen Auktionen versteigert, ein Teil der Erlöse ging wohl an die Anonymen Alkoholiker. Davon bekamen wir aber nur am Rande etwas mit.

Wir gönnten uns jedenfalls zur Feier des Tages ein Vanilleeis für mich und einen Backfisch im Brötchen für Qual. Den Rest des Geldes wollten wir im Wissen um Quals Konsumwut auf ein neues Konto einzahlen, von dem er regelmäßig ein kleines Taschengeld ausgezahlt bekommen sollte. Am Schalter der Bank angekommen, wurde unsere Laune allerdings alsbald getrübt. "Flossen hoch, das ist ein Überfall!", schrie eine vermummte Gestalt in Begleitung eines ebenso maskierten Partners, während sie dabei heftig mit ihren Knarren herumfuchtelten. "Genau genommen bist jetzt nur du gemeint", feixte ich. Qual nickte mir grinsend zu. Einer der Bankräuber hatte mich reden hören und reagierte gereizt: "Du da, halt den Sabbel!" "Manieren hat der aber nicht", zeigte sich Qual entrüstet. „Ich kenne die Identität der Täter, muss aber zugeben, dass ich überrascht bin“, raunte ich ihm zu. Verblüfft inspizierte Qual die Maskierten selbst noch einmal genauer. Der eine Räuber sprach mit einem holländischen, der andere mit einem französischen Akzent. „Du meinst doch nicht etwa..?“, schaute Qual mich fragend an. „Doch, genau das. Arjen Robben und Franck Ribéry. In den Gazetten wurden sie eh schon als neues Traumduo Robbery gefeiert, da liegt deren eigentliches Handwerk wohl mehr als nahe. Und die Tatsache, dass beide beim FC Bayern München angestellt sind, lässt nur einen Schluss zu: Sie wollen an das Festgeldkonto der Lederhosen!" Während Robben das Personal an den Schaltern beschäftigte, kehrte Ribéry mit mehreren gefüllten Sporttaschen, allesamt mit dem Emblem des Rekordmeisters[2] bestickt, aus dem Tresorraum zurück. „Und wollen wir sie gar nicht aufhalten?", wollte Qual wissen. Ich dachte nach. „Ach weißt du, die beiden sind zwar nicht gerade wie Robin Hood, dass heißt der SC Freiburg und Arminia Bielefeld bekommen kein Stück vom Kuchen. Aber lassen wir ihnen doch ihren Spaß. Notfalls bezahlt der Hoeneß seine Spieler eben mit Würstchen."

---

2 Anmerkung: Sollte der BVB nach 30 Meisterschaften in Folge einmal die neue Nummer eins im deutschen Fußball sein: Gemeint ist hier der FC Bayern.

Qual und der Boxkampf

"Am Samstag boxt Klitschko wieder", entnahm ich dem Sportteil unserer Tageszeitung, "diesmal gegen einen Franzosen." Qual schaute mich verdattert an. "Ich bin ein pazifischer Pazifist im Endstadium. Zu sehen, wie sich zwei Menschen die Rübe einschlagen, mag zwar irgendwo für den gemeinen Pöbel amüsant sein, entspricht aber alles in allem nicht meiner Weltanschauung. Erst recht nicht, wenn man bedenkt, dass dieser Art des Kräftemessens kein natürlicher Konflikt zugrunde liegt, sondern die simple Gier nach roher Gewalt seitens der Zuschauer und die Hoffnung der Boxenden, durch Einsatz ihrer Muskeln und ausgefeilter Technik zu Ruhm und Ehre zu gelangen und damit trotz ihres fehlenden Intellekts einen höheren Rang in der Gesellschaft einzunehmen. Es wäre allerdings für die Erde insgesamt eine feine Sache, wenn die gesamte Menschheit spontan auf die Idee käme, sich permanent zu prügeln. Dann hätte sie vielleicht weniger Zeit für Ölbohrungen, Atombomben, Tofu und den ganzen anderen Kram. Ach ja, und du wirst Zahnarzt."

Ich fasste mir an die Stirn. "Bist du überhaupt für Sport zu begeistern? Ohne das Boxen verteidigen zu wollen, aber immerhin tragen sie Handschuhe. Und zumindest beim Schachboxen gibt es sicherlich auch Gegner mit Grips", gab ich zu Protokoll. "Ach weißt du...dieser ganze Drang sich zu vergleichen, immer neue Rekorde aufzustellen und irgendwo der Beste zu sein...Im Tierreich geht es um Weibchen oder Ressourcen. Hauptsächlich um Weibchen. Ihr jedoch macht ein riesiges Spektakel daraus, investiert Unsummen, nur um der Unterhaltung willen, klagt aber andererseits über Staatsschulden und Armut. Eure Prioritäten geben mir noch zu denken. Wobei ich zugeben muss, dass ich die Halma-Weltmeisterschaften doch recht intensiv verfolge. Und eure Weibchen scheinen sich von Fußballern auch eher beeindrucken zu lassen als vom klassischen Quantenphysiker."

Philoso-Fisches:

Wer mit Botox hantiert, riskiert eine dicke Lippe.

Qual und der Frauentag

"Heute ist Frauentag, wusstest du das?", erkundigte sich Qual bei mir. "Ja, ich weiß." "Und, hast du jemandem etwas geschenkt?" Neugierig schaute er mich an. "Wer hätte denn etwas haben wollen? Meine Kolleginnen? Eine Rose und eine Tafel Schokolade?" Qual überlegte kurz. "Wäre zumindest ein Anfang gewesen." "Wenn man wirklich zeigen will, dass man sich für eine Sache einsetzt beziehungsweise das andere Geschlecht respektiert, dann kann man das auch das ganze Jahr über machen. Da braucht es keinen Tag, der durch Floristen, Drogisten und Feinbäcker zum zweiten Weihnachten mutiert und ansonsten kaum etwas bewirkt."

Qual dachte nach. "Irgendwie habe ich ein Déjà-vu." Wir sahen uns an. "Ich auch. Das Ganze ist doch noch keinen Monat her", stellte ich fest. "Muttertag ist auch nicht mehr weit weg." Qual ging den Kalender mit sämtlichen Feier- und Gedenktagen durch. "Ihr habt wirklich für alles einen Tag. Wenn man so will, kann man das gesamte Jahr über jemandem huldigen. Gibt es so etwas wie eine Multireligiösität? Betroffene kommen ja aus dem Feiern dann überhaupt nicht mehr heraus", sinnierte er. Ich unterbrach ihn: "Weißt du, was der größte Witz an der Gleichberechtigungsgeschichte ist? Kaum haben die Frauen verdienterweise ihren Frauentag, der sogar einen politischen Ursprung hat, schlagen die Männer mit dem Weltmännertag am 03. November und dem Internationalen Männertag am 19. November gleich doppelt zurück. Und am Vatertag oder Herrentag ziehen Steppkes, die noch nicht einmal wissen, wie man Kinder zeugt, mit Bier und Bollerwagen durch die Gegend, am Muttertag hingegen eskaliert niemand." Qual antwortete: "Wir sind insgesamt gesehen nun mal doch entspannter. Stupide, aber zufrieden."

Qual und der Krieg

"Ihr Menschen habt euch ja quasi ständig in den Haaren", stellte Qual bei einer seiner vielen Sitzungen mit dem Geschichtsbuch fest, "wie könnt ihr nur so destruktiv sein?" Er hatte Recht. Seitdem unsere Vorfahren von den Bäumen herunter gekommen sind, haben sie ihre freigewordenen Gliedmaßen in schöner Regelmäßigkeit für intraspezifische Gewalttaten verwendet. Selbst Tom und Jerry haben sich öfter vertragen als die Völker dieser Erde. "Es liegt wahrscheinlich einfach in der Natur des Menschen zu neiden und nach Macht zu streben. Diese Kooperationssache passt da vielen nicht ins Bild, auch wenn es wohl meist vorteilhafter gewesen wäre." Qual blätterte um.

"Was ich nicht verstehe: Wenn ihr schon so etwas wie Staaten bildet, warum ziehen dann trotzdem gleich ganze Heere in den Krieg? Lasst doch die jeweiligen Oberhäupter gegeneinander antreten! Das Ganze kann man so vollkommen unblutig entscheiden, egal ob es um Ressourcen, Territorien oder unbezahlte Pizzarechnungen geht!" Ich stutzte: "Wie das?" "Schach! Ein klassisches Eins gegen Eins. Bei mehreren beteiligten Parteien wird es eben ein Turnier. Heißt ja nicht umsonst Spiel der Könige", erklärte Qual augenzwinkernd.

Qual und der Oscar

"Die Oscar-Verleihung wird heute übertragen, willst du mit mir zuschauen?", fragte ich mit einer Schüssel Popcorn in der Hand. Qual antwortete giftig: "Der einzige Filmpreis, der mich interessiert, wurde schon Ende Januar vergeben." Ich ging die Liste der mir bekannten Filmpreise durch, kam aber zu keinem Ergebnis. "Und der wäre?" Ungläubig, ja geradezu fassungslos, schaute Qual mich an. "Na der Jussi!" Mein nach wie vor ahnungsloses Gesicht bewegte ihn dazu mich schulmeisterlich aufzuklären:

"Das ist der finnische Filmpreis. Heißt übersetzt Hans und sieht einfach sympathisch aus. Männnchen mit Hut, schlicht in weiß gehalten. Das nenne ich bodenständig. Der wird noch mit Herz verliehen, da geht es um Emotion und Leidenschaft für den finnischen Film. Wer den bekommt, ist wirklich stolz wie Oskar. Im Gegensatz dazu die Amerikaner und ihr Goldrausch, das kennt man ja aus der Geschichte. Und überhaupt: Deren Trophäe an sich ist doch einfach mal sinnfrei. Was hat denn ein nackter Mann samt Schwert mit Filmen zu tun? Wenn er wenigstens in kriegerischer Pose zu sehen wäre, das würde ebenfalls eher ihrem Naturell entsprechen. Obwohl, in Rambo-Haltung wäre die Bahn frei für den Blick auf sein Gemächt, da sind sie wieder zu prüde. Naja, wie auch immer." Qual hielt kurz inne, war aber inzwischen zu sehr in Rage, um es dabei belassen zu können. "Die Logik dahinter...da kann man ja gleich eine grüne Kuh mit Helm als Integrationspreis vermarkten!", echauffierte er sich. "Naja, findest du denn unseren entsprechenden Bambi passender?", umging ich jedwede weitere Diskussion rund um den Oscar. "Der Bambi repräsentiert als urdeutsches Rehwild mehr als alles andere unsere Kultur. Außerdem hat er kein Schwert, das ist die Hauptsache."

Philoso-Fisches:

Jemandem eine bodenlose Frechheit vorzuwerfen, muss nicht aus der Luft gegriffen sein.

Qual und der PC

“Kann ich jetzt endlich Solitaire spielen?”, fragte Qual. “Nein, mein Rechner ist leider grad nicht einsatzfähig. Gedulde dich.” “Okay, dann eben Minesweeper.” “Qual, er geht nicht! Wir können momentan gar nichts spielen!”, stellte ich klar. Enttäuscht ließ er die Flosse sinken. “Was ist es diesmal?” “Wahrscheinlich die Grafikkarte, ist durchgeschmort wie ein Glühbirnendraht.” “Computer sind so unzuverlässig! So unberechenbar! Die sollten nicht Rechner heißen, sondern Unberechner!” “Naja, im Privatbereich vielleicht. Ansonsten regeln moderne Großrechner ja so ziemlich alles. Von A wie Ampeln bis Z wie Zollschranken.” “Ob die Ampel-Menschen mich Solitaire spielen lassen?” “Wahrscheinlich nicht.”

“Lebewesen haben Maschinen eben doch noch einiges voraus! Wenn bei Menschen der Arbeitsspeicher voll ist, fallen sie wenigstens gut sichtbar um oder lassen den Kopf auf den Tisch knallen. Deine Klapperkiste jedoch hört einfach auf zu funktionieren und wartet darauf, dass man ihr gut zuspricht und sie streichelt! Die Mängelliste ist noch länger. Betriebssysteme! Schließe mehrere PCs mit unterschiedlichen Betriebssystemen zusammen und nichts funktioniert auf Anhieb. Unmöglich! Wenn jemand den Job wechselt und neu in der Firma ist, sagt er auch nicht: “Verzeiht liebe Kollegen, ich reagiere erst einmal gar nicht auf euch. Ihr habt ein anderes Betriebssystem.” Und diese Krankheitsakte! Es gibt doch keinen Virus, den die Mühle noch nicht hatte! Würde mich nicht wundern, wenn viele Viren einen digitalen Ursprung hätten. Lass eine Mücke ins Zimmer und es heißt sofort: Malaria-Malware entdeckt! Sofortiger Neukauf notwendig. Wollen sie den Rechner jetzt oder später neu kaufen?” Amüsiert erwiderte ich: “Es gibt aber normalerweise auch niemanden, der sich auf kasachischen Internetseiten die vermeintlich neuesten Computerspiele herunterladen will und der Anweisung folgt, man solle das Anti-Viren-Programm ausschalten!”

Qual und der Supermarkt

Unser Kühlschrank war mehr als leer (in einer lustigen Parallelwelt wäre er sicherlich implodiert),deshalb gingen Qual und ich zum nächstgelegenen Supermarkt. Nach zwei Stunden, in denen er jedes Produkt genauestens inspizierte, bevor es im Wagen landete, waren wir so gut wie fertig. "Brauchen wir noch etwas?" Fragend sah ich Qual an. "Ja, Cornflakes!", antwortete er und deutete auf die Packung vor ihm." Ich schaute auf den Preis. "Nein, nicht die. Wir nehmen andere. Die hier sehen gut aus." Mein Griff ging in die unterste Regalreihe, doch Qual protestierte: "Aber warum denn? Die haben keinen Tiger! Siehst du das? Kein Tiger!" Mir war bewusst wie dämlich es aussehen würde, wenn mich jemand dabei erwischt, wie ich scheinbar mit der Luft diskutiere. Dennoch nahm ich mir die Zeit, um ihm gestenreich die Bedeutung von Marken und deren Auswirkungen auf die Preisbildung in der Lebensmittelindustrie zu erklären. Er verstand.

Letztlich haben wir, zu meinem Leidwesen, trotzdem den Tiger gekauft. "Jetzt haben wir die Katze im Sack", frohlockte Qual. "Und zu Hause beschwerst du dich natürlich wieder über die Mogelpackung und äußerst Verschwörungstheorien, wer dir die Cornflakes weggefuttert haben könnte." Quals Blick verfinsterte sich. "Ich sage dir, Frau Schneider ist nur zur Tarnung mit dem Hausmeister liiert. In Wahrheit stibitzt sie ihm regelmäßig den Generalschlüssel und isst in sämtlichen Haushalten die Frühstücksflocken weg. Durchtriebenes Luder..." Ich verdrehte die Augen. "Jetzt reicht es aber, die Dame ist fast achtzig Jahre alt!" "Sie soll sich ja auch nicht vom Dach abseilen und durch das Fenster rein. Wobei, als ehemalige Pfadfinderin hat sie es bestimmt noch drauf...Wer eklige Kekse verkaufen kann, dem trau ich alles zu!"

Qual und der Valentinstag

"Gestern war Valentinstag, wusstest du das?", erkundigte sich Qual bei mir. "Ja, ich weiß." "Und warum hast du mir nichts geschenkt?" Gekränkt schaute er mich an. "Was hättest du denn haben wollen? Einen Strauß Blumen? Pralinen? Ein romantisches Essen bei Kerzenschein?" Qual überlegte kurz. "Wäre zumindest ein Anfang gewesen." "Wenn man einem Menschen wirklich zeigen will, dass man Gefühle für ihn hegt, dann kann man das auch das ganze Jahr über machen. Da braucht es keinen Tag, der durch Floristen, Drogisten und Feinbäcker zum zweiten Weihnachten mutiert."

Qual dachte nach. "Vielleicht gab es jemanden, der die Leute dann wieder geschieden hat und aufgrund seiner Konfession ebenso geköpft wurde. Der hat keinen Tag bekommen." "Wie meinst du das jetzt?", fragte ich irritiert. "Valentin war doch ein Bischof, der Paare heimlich getraut hatte. Irgendwann wurde es einem Kaiser zu bunt und hat ihn einen Kopf kürzer machen lassen", erklärte Qual. "Tjaja, die Liebe bringt einen um Hals und Verstand", warf ich ein. "Jedenfalls ist das wirklich unfair. Valentins Märtyrertod wird heute durch den Tag der Liebenden geehrt..." "Ausgenutzt!", schrie ich dazwischen. "...und der Typ, nennen wir ihn mal Gildo, der genauso viel von seinem Fach verstand, ging leer aus." "Meinst du, wir sollten von nun an den Tag der Hassenden begehen?" Qual schien überzeugt: "Gildo wäre so stolz auf uns...also, halten wir fest: Der 15. Februar ist Gildotag."

Philoso-Fisches:

Im Winter wären streuende Katzen hilfreicher als streunende.

Qual und der Zufall

"Lasagne! Immer nur Lasagne! Die machst du ständig! Kannst du nichts anderes?" beschwerte sich Qual über meine Wahl unseres Abendessens. Verdutzt starrte ich ihn an. "Ich mag sie. Und ich koche auch andere Sachen. Nudeln zum Beispiel." Jemandes Augen begannen zu rollen. "Als ob das einen Unterschied machen würde. Dieselben Zutaten, nur in anderer Form. Das kennt man schon von Claudia Schiffer und Heidi Klum. Dorsch mit Mangold, das ist ein Gericht!" Blitzschnell analysierte ich die Lage, wir hatten unseren täglichen Mexican standoff.

"Also schön, wir spielen Schere, Stein, Papier. Best of five, keine Extras wie Brunnen, Panzer oder tollwütiges Eichhörnchen. Klar soweit?" Meine Bestimmtheit schien ihn allerdings nur kurz zu beeindrucken, dann ging unser verbaler Boxkampf in die nächste Runde. "Sicher, aber ich hab nur Flossen, du Depp!", fuhr er mich wild mit seinen Stummeln gestikulierend an. Diesmal zeigte ich ihm den Touché-Blick, den hatte er sich verdient. "Dann spielst du halt permanent Papier...", frotzelte ich, "na gut, Münzwurf, 50:50-Chance, fairer geht es nicht. Kopf oder Zahl?" Qual verstummte und ging deutlich spürbar alle Optionen durch. "Und wenn sie auf der Kante liegen bleibt?", fragte er schließlich. "Dann geben wir uns selbige und spielen Kabeljau blau!"

Qual und die Angst

Wir saßen vor dem Fernseher und trugen unseren üblichen Wettbewerb aus - Wer zuckt, verliert! Dazu reihten wir die besten Streifen von George Andrew Romero und sonstige Filme, die ein "Dead" im Titel führten, vor dem DVD-Player auf und schauten sie uns nach und nach an. Bisher hatte Qual stets gewonnen, heute lag ich gut im Rennen. Bis er mich nach einer Zombie-scheint-endgültig-tot-zu-sein-ist-es-aber-doch-nicht-und-stellt-dies-mit-einem-gezielten-Biss-in-den-Hals-der gutaussehenden-Blondine-zur-Schau-was-den-endgültigen-Tod-der-Blondine-zur-Folge-hat-Szene mit Popcorn bewarf. Ich schrie peinlich laut, Qual grinste diebisch. "Kannst du dich überhaupt erschrecken?", wollte ich gedemütigt wissen. "Wenn man tot ist, sieht man die Dinge entspannter. Abgesehen von deiner fehlenden Körperbeherrschung ist für mich also kaum etwas erschreckend", erwiderte er, "dabei dürfte es euch eigentlich kaum anders gehen." Ich rollte mit den Augen: "Was hat das jetzt wieder zu bedeuten?" Qual drückte auf Pause, im Standbild war der Zombie zu sehen, wie er sich mit den Eingeweiden der Blondine schmückte.

"Es ist doch so...der eigentliche Sinn des Angstgefühls, die Selbsterhaltung, ist bei euch Menschen doch kaum noch notwendig. In eurem Großstadtgehege kann im Vergleich zur Tierwelt nichts passieren. Ihr werdet höchstens von Kredithaien oder Baulöwen gefressen. Eure Angst hat sich transformiert, weg vom evolutionsbiologischen Hintergrund. Ihr sorgt euch meist nur, dass euer Idealbild von einem Leben in der Gesellschaft verfehlt wird. Ob nun in materieller oder sozialer Hinsicht. "Hoffentlich werde ich nicht gefeuert", "Ich will nicht, dass mein Partner mich verlässt" oder "Bitte lass mich im Alter nicht fett werden". Das, was bei Horrorfilmen zutage kommt, die Furcht vor starken Bildern, sind nur emotionale Rudimente aus der Zeit, als selbst der Mensch noch angreifbar war. Aber ihr entwickelt dafür in großem Maße Phobien, das ist beeindruckend. An sich gibt es nur zwei Arten von Angst: Bei der einen weiß man zu viel, bei der anderen zu wenig. Wenn ich mir überlege, wozu der Mensch in der Lage ist, dann habe vielleicht auch ich Angst..."

Qual und die Bahn

Wir befanden uns an einem gut gefüllten Provinzbahnhof und warteten auf unseren Anschlusszug, als der Lautsprecher plötzlich knackte und die Menge in etwa mit folgender Ansage beschallte:

"Werte Fahrgäste! Bitte beachten Sie: Der Regionalexpress C3-PO von X nach Y wird voraussichtlich zehn Minuten später eintreffen. Wenn wir voraussichtlich sagen, trifft das in 95% der Fälle auch zu. Wir bitten Sie die Verspätung zu entschuldigen und danken Ihnen für Ihr Verständnis! Ach ja, please mind the gap und so. Viel Spaß noch...ihr Würstchen! Haha, macht auch immer wieder Laune. Da werden die Jammerlappen wieder mächtig erbost sein...oh, ist das Mikro noch an? Sch..." Knack.

Innerhalb eines Augenblicks nach Verstummen der Anlage verwandelte sich der bis dato ruhige Bahnhof in eine hektische Bundestagssitzung. Handys wurden gezückt, Termine bei Zahnärzten, Rechtsanwälten und Thai-Masseusen verschoben. Kleine Kinder riefen nach ihrer Mama, obwohl sie zuvor ohne die betreffenden Mütter am Gleis angekommen waren. Ein älterer Herr ließ seine Krücken fallen und rannte schreiend davon: "Das ist das Ende!!!" Schulterzuckend sahen wir uns an. "So was Blödes! Wir kommen zu spät", stellte ich fest, "anscheinend bekommen die auch nichts mehr gebacken!" Qual beobachtete seelenruhig die Szenerie und zeigte keine Anzeichen von Wut. "Beschwere dich bitte nicht so sehr über meinen neuen Arbeitgeber, ihr seid doch nur Sklaven eurer eigenen Erwartungshaltung", bremste er mich schließlich. "Was meinst du mit Arbeitgeber? Und wieso Sklaven?", fragte ich verwundert. "Nimm erst einmal einen Kaugummi, dann erkläre ich dir alles", versprach Qual.

Eine Mischung aus Zucker, Polyisobutylen und Kieselsäure kauend, wiederholte ich meine Frage. Qual grinste triumphierend und zeigte auf ein Schild an einem Wartehäuschen des Bahnhofs. „Kannst du das lesen?“ Ich überflog: „Melden Sie Vandalismus! Bla, bla...Fahrzeuge, Bahnhofseinrichtungen und Eisenbahnanlagen...bla, bla...Hinweise...Täter...Belohnung bis zu 600,- Euro.“ Zwischenzeitlich kam der Zug endlich an und wir stiegen ein. „Verstanden?“, setzte Qual das Gespräch fort. „Ja schon, aber was hat das mit dir zu tun? Arbeitest du jetzt für die Bahn-Security? Wie hast du das mit der Bewerbung gedeichselt?“ Qual grinste abermals: „Nun gut, direkt angestellt bin ich vielleicht nicht, mehr so eine Art IM. Und damit meine ich sogar für die inoffiziell. Hast du noch Geschmack? Falls nicht, gib mir jetzt deinen Kaugummi.“ Mit meinem zerkauten Wrigley in der Flosse schwebte Qual durch das Abteil. Dann und wann verharrte er, schaute sich die Passagiere an und flog weiter. Nach dreiundzwanzig Minuten schien er jemand geeigneten gefunden zu haben. Ein Mann in den Dreißigern, mit dunkler Jeans und dazu passendem Polo-Shirt. Qual bugsierte den Kaugummi unter den Sitz dieses Mannes und kehrte zu mir zurück. Aus meinem Rucksack fischte er sein Smartphone und verschickte eine SMS. „Die Show kann beginnen“, sagte er mit bedrohlichem Unterton. Bevor ich ihn überhaupt darauf ansprechen konnte, was das alles zu bedeuten habe, vollzog die Bahn eine Vollbremsung. Das Quietschen der Bremsblöcke übertönte das Bersten der Scheiben im Abteil. Die Beleuchtung ging aus und mehrere schwer gepanzerte Uniformierte, jeweils mit ballistischem TIG-Helm und bunten Walkie Talkies von Toys „R“ Us ausgestattet, durchsuchten die Sitze. Unter dem Sitz des Mannes in den Dreißigern, dessen Polo-Shirt inzwischen mit Angstschweiß vollgesogen war, fanden sie meinen von Qual dort befestigten Kaugummi. „Kaugummis sind biologisch nicht abbaubar“, sagte der Anführer der Gruppe, erkennbar am goldenen Walkie Talkie, „außerdem sind sie nur schwer von Sitzpolstern zu entfernen. Ein neuer Sitzbezug kostet bis zu 100€, merken Sie sich das! Kommt Jungs, wir haben genug gesehen.“ Die Uniformierten drückten dem Mann in den Dreißigern ein Stück Paketklebeband auf den Mund, fesselten ihn mit Kabelbindern und verschwanden mit ihm durch die zerbrochenen Scheiben. Die

Beleuchtung funktionierte wieder und der Zug fuhr weiter, als wäre nichts geschehen.

„Du hast das alles mit der SMS ausgelöst? Qual, das war ein Unschuldiger! So was tut man nicht. Und was sollte die ganze Aktion uns bringen? Denunzierst du des öfteren harmlose Passagiere in der Bahn?“ Qual schaute mich wieder mit seinem für ihn typischen gelassenen Gesichtsausdruck an. „Der war nicht so unschuldig wie du denkst. Auf der Toilette hat er sich nicht die Hände gewaschen und schwarz fährt er obendrein. Außerdem passiert ihm nichts weiter. Dieser ganze Zirkus dient nur zur Abschreckung. Er wird lediglich kurz gezwungen mit der Truppe Räuber und Gendarm zu spielen, dann wird er freigelassen. Und wir freuen uns über 10€ Belohnung. Bei einem Preis von sagen wir einem Euro pro Kaugummi, habe ich unseren Einsatz also glatt verzehnfacht. Vielen Dank für deine Kooperation. Möchtest du einen neuen Kaugummi haben?“

Philoso-Fisches:

Wenn Ordnung das halbe Leben ist, sind Eintagsfliegen satte zwölf Stunden am Putzen.

Qual und die Blutspende

Amüsiert sah ich Qual zu, wie er auf seine typische Art und Weise hektisch den Raum im Zickzack durchquerte. "Ich kann einfach kein Blut sehen...das lockt nur Haie an!" rechtfertigte er sich. "Und davon mal abgesehen: Wenn es Vampire geben sollte, ist das hier ein Präsentierteller für die!" Entspannt lag ich auf einer Entnahmeliege im Dachgeschoss des Gebäudes, das normalerweise als Treffpunkt für Senioren diente, die dort bei Kaffee und Gebäck ihre Krankheitsgeschichten und Wetterprognosen austauschten. Im Ernst, kein Frosch der Welt ist bei der Vorhersage so präzise wie eine Truppe Rentner mit Felderfahrung.

"Vampire gibt es nicht. Obwohl, das hab ich von Geistern bisher auch gedacht", versuchte ich ihn zu beruhigen, "trotzdem ist es richtig Blut zu spenden. Es dauert nicht lange, man bekommt am Ende was zu essen und es hilft denen, die es brauchen." Qual gefiel das dennoch nicht: "Warum musste ich ausgerechnet an den Menschen geraten, der sein Blut verteilen will wie ein Rasensprenger Wasser?! Deine Blutgruppe ist ja nicht mal selten, du bist wieder mal nur ein Teil der breiten Masse!" Da hatte Qual nicht ganz Unrecht, dennoch wusste er, dass das nichts ändern würde. Schweigsam drehte er seine Runden, bis es triumphal aus ihm herausplatzte: "Und was ist mit Samenspenden? Die helfen auch den Menschen, die sie brauchen!"

Qual und die CeBIT

Ein Freund hatte Freikarten für die weltweit größte Messe für Informationstechnik erhalten, Qual und ich begleiteten ihn nach Hannover. "Wie können die Begriffe "weltweit" und "Hannover" in einen Satz passen?", fragte ich. "Die niedersächsische Landeshauptstadt beherbergt über eine halbe Million Einwohner, damit gehört sie zu den größten Städten Deutschlands", belehrte mich Qual. "Geh nicht immer von der Bedeutsamkeit der ansässigen Fußballvereine aus." Wir schlenderten an den ersten Ausstellern vorbei, allesamt Anzugträger mit schmissiger Frisur. Andere Anzugträger mit Trolleys irrten beschäftigt durch die Gegend, manche unterhielten sich dabei lebhaft über ihr Lielblings-Trolleymodell. Ein weiterer Anzugträger versuchte unentwegt Interessenten für seinen Stand zu gewinnen: "Leckere Massagekissen...will denn niemand tolle Massagekissen kaufen?"

Wir kamen in die Halle der großen Spielehersteller. Das Licht, der natürliche Feind des Zockers, war im Vergleich zu den anderen Messehallen wohlweislich ausgeschaltet worden, nur mehrere verschiedenfarbige Scheinwerfer beleuchteten die Szenerie. Uns stockte der Atem. An langen Tischreihen, ausgestattet mit unzähligen PCs, spielten ebenso unzählige Zocker, als hinge ihr Leben davon ab. Hatten sie überhaupt noch ein echtes Leben? Oder wurde dies zuvor schon längst durch einen Speicherstand ersetzt? Mensch und Maschine vereint, in hundertfacher Ausführung. Mensch und Maschine. Mensch und Maschine. Nullen und Einsen, Daten ohne Ende. Wer die rote Pille von Morpheus noch nicht geschluck hatte, konnte hier einen ersten Einblick bekommen, wie die Realität außerhalb der Matrix aussieht. "Gruselig", stellte auch Qual fest. "Du meinst, wie der Mensch nach und nach den Bezug zur Wirklichkeit verliert, in dem er diese immer perfekter imitiert und sich womöglich eines Tages in dieser Scheinwelt wohler fühlt, als auf der von andauernden globalen Problemen zerfressenen Erde?" Qual schüttelte den Kopf:

"Nein, der Typ im Anzug da vorne hat den gleichen Trolley wie ich."

Qual und die Disco

"Kannst du mir bitte nochmals erklären, warum genau wir hier sind?", erkundigte sich Qual gelangweilt. "MAKE SOME NOISE!", forderte uns der DJ auf. "Wir feiern den Geburtstag von zwei Freunden. Entspann dich, es wird schon noch witzig!" Meine Überzeugungskraft schwand an diesem Abend proportional zum konsumierten Alkohol. Qual hörte daher leider nicht auf zu nörgeln: "Versteh mich nicht falsch, aber wer freiwillig eine Geruchsmischung bestehend aus Schweiß, Zigarettenqualm und verkipptem Alkohol in der Nase erträgt und sich dabei nicht im Nachtbus nach Hause befindet, hat doch offensichtlich eine absurd niedrige Ekelschwelle. Und die Toiletten waren in der Rechnung noch gar nicht dabei!" "RE RE RE REMIX!", tönte es vom Pult.

"Ach komm! Selbst wenn es hier nach Miesmuscheln und Krabbencocktails riechen würde, könntest du dich doch nicht für den Laden begeistern! Was ist dein Problem?" Qual verzog schnippisch das Gesicht. "Ich habe kein Problem, aber Geisterwale sind hier wahrscheinlich einfach nicht das Zielpublikum. Hier vergnügen sich nur wandelnde Testosteron-Haufen auf der Suche nach Kopulationspartnern. Mitteleuropäische Stockenten wechseln zur Balz extra in ihr so genanntes Prachtkleid. Hier zeigen sich Frauen beeindruckt, wenn sich Männer aus Leuchtstäben Brillen und Ketten bauen. Ganz ehrlich: Die Velociraptoren aus Jurassic Park sind ein Witz gegen die Szenen hier! Ein weibliches Wesen, Dame möchte man ja in dem Fall nicht sagen, in der Mitte und das Rudel johlt lechzend um sie herum. Und dieser Bass! Im Grunde muss sich nicht mal jemand bewegen, die Vibration lässt alle Beteiligten von allein auf und ab hüpfen." "PUT YOUR HANDS UP FOR DETROIT!" Jetzt reichte es ihm: "Ich habe Flossen du Arsch!"

Philoso-Fisches:

Nach einer Party mit Brummschädel aufzuwachen, ist immer noch besser als ein Käfer zu sein.

Qual und die Elefanten

Qual und ich waren einige Tage verreist und kamen erst eines Nachts spät wieder zurück. Müde von der Fahrt freute ich mich in erster Linie auf das Bett, während Qual, der als Geist nicht wirklich so etwas wie Müdigkeit verspüren kann und dies nur vorgibt wenn es im Haushalt etwas zu tun gibt, den in unserer Abwesenheit angehäuften Stapel Tageszeitungen durchlesen wollte. Ich schlüpfte in meinen neuen Schlafpyjama in Hello Kitty-Design, den Qual mir zu Weihnachten in Folge einer verlorenen Wette geschenkt hatte, und schloss die Augen.

Im Traum begegnete ich in einer äußerst gepflegten Gartenanlage einem weißen Elefanten. Er hieß Chang Phueak und sprach trotz seiner thailändischen Herkunft fließend französisch mit mir. Ich konnte ihm ebenso fließend antworten. Spätestens an dieser Stelle hätte ich merken müssen, dass ich das alles nur Träume. Chang lud mich auf einen Drink im Königspalast ein, denn zufällig gehörte er Bhumibol Adulyadej, dem König von Thailand. Ich konnte nicht ablehnen, es wäre eine Kränkung gegenüber dem Gastgeber gewesen. In der pompös ausgestatteten Palastbar trafen wir auf einen grünen und einen rosanen Elefanten, die sich bereits an goldenen Futtertrögen bedienten. Mir wurde ebenfalls ein Trog vorgesetzt, allerdings war dieser kleiner als die anderen drei. Vier Affen im Smoking trugen ihn rasch und lautlos herein. Chang warf ihnen mit dem Rüssel eine Banane als Trinkgeld zu. Ich fuhr mit der Hand über den Trog und war überrascht, denn er war nur aus Holz. Auf meine nun goldenen Finger blickend stellte ich fest, dass die Farbe anscheinend erst kurz zuvor aufgetragen wurde.

„Wir haben hier auch keine Goldesel mehr", sagte der rosane Elefant traurig. „Trotzdem lassen wir uns die Laune nicht verderben!", ergänzte der grüne Elefant mit vollem Maul und ließ dabei etwas Minze und Eukalyptus herausfallen. Wir saßen allesamt im Schneidersitz und lauschten Rainer Maria Rilke, der sein Gedicht „Das Karussell“ seit sieben Stunden in Dauerschleife vortrug. Die Erschöpfung war ihm ins Gesicht geschrieben, es wurde abwechselnd grün und kreidebleich. Ich fragte: „Seit wann fressen Elefanten eigentlich Eukalyptus und Minze?“ Sofort hielt Stille Einzug im Raum. Nur das Schmatzen der Affen, die sich über die Trinkgeldbanane hermachten und dabei auch über die Aufteilung stritten, war zu hören. „Jetzt fliegt alles auf!“, schrie der rosane Elefant panisch, kippte sich einen ganzen Liter Wodka hinter und flog plötzlich davon. Er durchbrach die Holzverkleidung der Decke und steuerte Richtung Mond, der an diesem Abend besonders groß erschien.

„Und dann und wann ein weißer Elefant“, seufzte Rilke und begab sich langsam in einen der goldenen Holztröge. Einen Augenblick später war er tot. Wie er da so lag, sah er meinen Fingern ähnlich. Die Farbe übertünchte immerhin seine Leichenblässe. „Du gehst jetzt besser“, sprach Chang ernst. „Aber vergiss niemals, was du hier gesehen hast. Du weißt, was zu tun ist.“ Ich nickte und stand auf, die Affen im Smoking geleiteten mich vor mir herlaufend nach draußen. Draußen war es dunkel, man konnte kaum zwei Meter weit sehen. Ich wollte umkehren und nach einer Fackel fragen, doch auch hinter mir wich alles einer schwarzen Wand. Ich setze mich und harrte der Dinge, die da kommen würden.

„Na, gut geschlafen?“ Ich sah Qual mit großen Augen an, kniff diese aber sofort wieder zusammen, als er die Vorhänge zurückzog und die Sonnenstrahlen dadurch ungebremst das Zimmer fluteten. „Qual, können Elefanten im Schneidersitz sitzen?“ Verwirrt schaute er mich an. Ich dachte über meine Frage nach und ergänzte: „Lass uns bitte nie nach Reichtum streben, das macht halt doch nicht glücklich.“

Philoso-Fisches:

Wer nach den Sternen greifen will, muss kein Langfinger sein.

Qual und die Erfindung

Seit Tagen hatte sich Qual in unserem Werkzeugschuppen im Garten verschanzt. Nur hin und wieder holte er sich Pakete in allen möglichen Größen bei mir ab, in denen die unterschiedlichsten Utensilien zu finden waren. Neben diversen LED-Leuchten bestellte er unter anderem je einen Gummi-, Dengel-, Klauen- und Geologenhammer, 120 Wattepads, 10 Kilogramm Hafnium-Späne, eine Fahrradhupe samt Rückspiegel und die aktuelle Ausgabe des Micky Mouse Magazins mit einem Furzkissen oder Ähnlichem als Extra. Diese Mischung an Artikeln warf einige berechtigte Fragen bei mir auf. In erster Linie wunderte es mich allerdings am meisten, warum in der Mickey Mouse nach wie vor nur Furzkissen als lumpige Beilage zu finden waren. Furzkissen und Urzeitkrebse, manchmal auch ein Detektivset. Ich schwelgte kurzzeitig in Kindheitserinnerungen.

Die nächste Lieferung, diesmal eine Kiste Duftbäume für das Auto in der Ed Hardy Los Angeles Bulldog Edition, brachte mich dann schnell wieder auf andere Gedanken. Wozu er das alles brauchte, sagte Qual mir natürlich nicht. Darauf angesprochen, äußerte er meist nur ein unzufriedenes Murren und verschwand wieder für einige Stunden in seiner Werkstatt. Manchmal blieb er auch nachts in selbiger, dann konnte man nicht nur sein regelmäßiges Fluchen und Poltern vernehmen, sondern mit der Zeit mal wieder die gesamte Discografie der Beastie Boys, die er während seines Schaffensdrangs durch die Boxen jagte, durchhören. Erneut schwelgte ich in Kindheitserinnerungen. Unerwartet öffnete er mir schließlich an einem Montag nach drei Monaten, vierzehn Tagen und sechs Stunden die Schuppentür zu seinem bis dato als streng geheim eingestuften und daher für mich nicht zugänglichen Projekt. Ich staunte nicht schlecht, als ich merkte, dass der Raum bis auf die wieder sorgfältig zusammengepackten Kartons völlig leer war. “Jetzt bist du überrascht, was?”, sagte Qual.

Mehrere Minuten verharrte ich schweigend, Qual ebenso. Nicht nur deswegen war es wortwörtlich gespenstisch still, auch der Wind hatte sich scheinbar in Erwartung von etwas Großem beruhigt. Sogar die ansonsten stets hörbaren Umgebungsgeräusche verstummten oder wurden in meiner Wahrnehmung ausgeblendet. Der Nachbar hörte auf den Rasen zu mähen, die viel größere Katze jagte dem deutlich kleineren Hund nicht mehr hinterher und der Fahrer des Eiswagens ließ vom Betätigen seines Knopfs für die Melodie mit der hypnotischen Wirkung ab. Alle Welt wartete auf Quals Auflösung der Geschichte. Nur das Mickey Mouse-Furzkissen säuselte in einer Kiste weiter leise vor sich hin.

Doch nichts geschah. “Wie, das ist alles? Kein überraschendes Feuerwerk, keine ausgeklügelte Präsentation und keine Sensationsenthüllung deines Meisterwerks?”, fragte ich schließlich, als Qual nach wie vor nicht den Anschein machte, noch irgendetwas aus den Ärmeln zu schütteln. “Nichts kam über die Beta-Version hinaus. Meistens gab es nicht mal ein richtiges Alpha oder dergleichen”, stellte er resigniert fest. Ich ignorierte seine Antwort: “Wo ist es? Ist es unsichtbar, laufe ich gleich dagegen? Tarnkappenmodus?” Meine Hände fuchtelten auf der Suche nach was auch immer im leeren Schuppen herum, bis auf eine fette Fliege, die erbost davonbrummte, erwischten sie nichts.

“Etwas zu erfinden ist gar nicht so leicht. Eigentlich gibt es schon alles, was man braucht. Jetzt kommen größtenteils nur noch Verbesserungen heraus”, erklärte Qual, “ich habe versagt.” Mitleidig sah ich ihn an. “Dann versuche nicht die Probleme der heutigen Zeit zu lösen, sondern erfinde etwas für die Zukunft. Bald gibt es bedeutend mehr Menschen der älteren Generation in unserer Gesellschaft, damit muss man doch etwas anfangen können.” “Du hast recht. 3D-Brillen mit integrierter und vor allem automatisch anpassender Sehhilfe, flugfähige Elektrorollstühle auf Photovoltaikbasis und in Kaustärke und -geschwindigkeit programmierbare Gebisse!”, strahlte Qual.

Qual und die Fee

Qual und ich saßen am roten Küchentisch und spielten Risiko. Wie immer war er am gewinnen, seine Streitmacht schluckte von Afrika ausgehend nach und nach fast den gesamten Globus. Ich igelte mich in Australien ein. "Wenn du dir jetzt drei Dinge wünschen dürftest, was wäre das?", fragte ich ihn zwischendurch. "Kamtschatka, Großbritannien und bei der nächsten Partie einen Spieleinsatz!" "Nein, ich meine nicht im Spiel." "Sondern?" "Naja, das ist so eine Frage, die man früher in Freundschaftsbüchern beantworten musste. Da gab es auch Sachen wie Lieblingsspiel oder Lieblingsspeise." "Lass mich raten, deine Antworten glichen sich an manchen Stellen?", grinste Qual. "Nur Spaghetti kamen häufiger vor: bei den Wünschen, der Speise und was ich am besten kann. Lassen wir das mit den Freundschaftsbüchern. Manchmal lagen wir auch im Sommer abends im hohen Gras und haben uns vorgestellt, was wir sagen würden, wenn uns eine Fee erscheint und uns drei Wünsche gewährt."

Qual dachte nach. "Davon halte ich nichts. Was heißt hier drei Wünsche frei? Wünschen kann man sich doch so viel man will?!" "Ja, aber die Fee lässt es auch in Erfüllung gehen, zumindest in der Fantasie." Qual stöhnte: "Ihr Menschen nun wieder. Braucht eine Traumgestalt, um Wünsche verwirklichen zu lassen. Am besten noch von einem Playmate mit Flügeln. Dabei sind doch die Menschen in eurem Umfeld die wahren "Feen". Der Lehrer, der das Talent im Schüler entdeckt und fördert. Der Freund, der dich mit der süßen Nachbarin bekannt macht. Der Lebemann, der dich aus deinem Arbeitsalltag befreit. Diese Leute wecken und erfüllen eure Wünsche. Und das ein Leben lang. Vielleicht nicht jeden, aber das ist auch nicht nötig. Feen, wie ihr sie euch vorstellt, gibt es ohnehin nicht." Plötzlich wackelte der Kalender an der Wand, ein heller Lichtschein ging aus ihm hervor und das Playmate des Monats flatterte mit Schmetterlingsflügeln auf uns zu. "Hallo liebe

Leute, ich bin die gute Nackedei-Fee und gewähre euch..” Qual schrie sie an: “Klappe zu, ich habe hier konzentriert ein Spiel zu gewinnen!”

Qual und die Fitness

Ich zog mir gerade im Flur die Schuhe an, als Qual gemächlich um die Ecke schwebte. "Wo willst du denn hin?", fragte er. "Du wirst es nicht glauben, aber ich habe mich entschlossen nach draußen zu gehen!" Qual kam noch näher an mich heran. "Wieso das denn? Ist das Essen schon wieder alle?" "Nein. Schau mal. Sporthose, Sportshirt, Sportschuhe – klingelt es bei dir?" Ungläubig schaute er sich meine Ausstattung an. "Das ich das noch erleben darf." "Ich weiß, ich habe auch lange mit meinem inneren Schweinehund gekämpft. Aber das Wetter ist inzwischen einfach zu gut für meine zu-kalt-zum-Laufen-Ausrede. Außerdem hab ich es auch langsam wieder nötig."

Qual konnte sich einen Kommentar nicht verkneifen: "Gut, dass du es selbst sagst. Früher oder später hätte ich dich mit lustigen Spitznamen eh dazu getrieben." Besorgt schaute ich ihn an. "Was wären das für Namen gewesen?" "Och, noch nichts Dramatisches. Angefangen hätte ich wohl mit "Der Herr der Schwimmringe", "Fatman begins" oder schlicht "Der Blob", übrigens ein chronisch unterschätzter Film von Weltklasse." "So so, na bloß gut, dass mir das erspart blieb." Qual kramte eine vergilbte Liste aus einem Schubfach. "Was hälst du von Schnitzelschlepper, Pommespummelchen oder Gorleben II?" "Durchaus kreativ. Wie dem auch sei, ich mach mich auf den Weg. Nicht umsonst sprach schon Darwin von dem "Survival of the Fittest", ich laufe so gesehen also wortwörtlich um mein Leben." "Schön gesagt. Allerdings gebrauchte Darwin den Begriff Fitness viel mehr im Sinne einer bestmöglichen Anpassung und meint damit nicht ausschließlich die physische Verfassung. Da ein athletischer Körper jedoch zurzeit in deiner Gesellschaft als erstrebenswertes Schönheitsideal durchgeht und du durch ein regelmäßiges Training dich diesem annäherst, ist der Vergleich durchaus zutreffend. Nun denn, frohes Schaffen. Aber bitte lauf ohne Kopfhörer, die Musik bringt dich aus dem Rhythmus und nichts ist nerviger als Jogger, die sich zu je einem Drittel singend, tanzend und irgendwie laufend vorwärts bewegen. Im schlimmsten Fall noch zur Titelmusik von Rocky."

Qual und die Frauen

"Manche Frauen sind wie Zuckerwatte!" Erstaunt blickte ich von meinem Schreibtisch zu Qual, der merklich unruhig durch den Raum schwirrte. "Wie meinst du das?" Blöde Frage. Mit einem Blick, als hätte ich soeben zugegeben, niemals von Indiana Jones gehört zu haben, verließ Qual das Zimmer. Keine zehn Sekunden später kam er durch das Fenster wieder herein: "Jetzt mal im Ernst...In den meisten steckt nichts drin, irgendwie findet man sie aber trotzdem süß!" Mit dieser Aussage tat er zwar vielen Frauen Unrecht, dennoch überwog zunächst meine Neugier. "Hat dich eine abserviert?" "Abserviert? Bloßgestellt, verhohnepiepelt, ENTEHRT hat sie mich!" Ich holte einen Tüte Popcorn aus der Küche, fläztc mich auf die Couch und wartete auf seine Geschichte.

„Da gab es diese Wal-Dame", fing er an zu erzählen, „ zu der ich mich so hingezogen fühlte, dass ich ihr den ganzen Atlantik lang stets gefolgt bin. Sie schwamm immer gute hundert Meter vor mir, aber ich blieb in Reichweite. Bis sie schließlich aufhörte davonzuschwimmen." „Weil sie gemerkt hat, dass du alles für sie tun würdest und sich schließlich in dich verliebt hat?", fragte ich. „Nein, weil sie nicht mehr konnte. Immerhin sind wir mehrere Tage ohne Pause geblieben. Total außer Puste konnte sie mir nur mitteilen, dass ich endlich verschwinden soll." „Das ist eine traurige Geschichte, zugegeben. Aber warum wurmt dich das jetzt? Die Sache dürfte doch schon eine Weile her sein, oder nicht?" Qual lief rot an: „Ich hab sie neulich getroffen. Sie ist jetzt mit einer Galápagos-Riesenschildkröte zusammen!" Ich verschluckte mich an einem Popcorn: „Heißt das, dass es noch mehr Geister wie dich gibt?" „Natürlich, die ganze Welt ist voll davon. Dein Zwergkaninchen aus Kindertagen hoppelt auch wieder irgendwo herum. Nur weil du etwas nicht sehen kannst, heißt das nicht, dass es nicht existiert.". Mir schauderte es bei dem Gedanken an eine Geburtstagsparty für Qual, bei der er alle seine gespenstischen Freunde eingeladen hat. Man würde durch sie durchlaufen ohne es zu merken, höchstens ein Gefühl der Kälte könnte sich kurz breit machen. „Und warum eine Schildkröte? Geht das überhaupt?“ Qual lachte verächtlich. „Ha! Als Geist geht so ziemlich alles. Wenigstens weiß ich jetzt, dass das mit ihr eh nicht gut gegangen wäre. Das ist eigentlich wie bei den Menschen: Manche mögen dich so wie du bist, andere wiederum wollen nur dein Geld. Oder stehen eben auf Panzer.“

Qual und die Kindheit

"Die Lebenserwartung der Belugas ist in Gefangenschaft zwar allgemein höher, doch stressbedingt erhöht sich unter solchen Umständen das Krankheitsrisiko der Tiere. Umweltschützer warnen nun..." Weiter kam die blonde Reporterin der Dokumentation nicht, da Qual durch den gezielten Wurf einer Erdnuss die Pause-Taste des DVD-Players traf. "Wollen wir das nicht weiter sehen?", warf ich Qual fragend hinterher, als er langsam Richtung Küche schwebte. "Nee du, lass mal. Wenn du Fragen dazu hast, kann ich dir die auch so beantworten", entgegnete Qual und begann mit diversen Dingen aus dem Küchen- und Kühlschrank herumzuhantieren.

Zehn schweigsame Minuten später setzte ich mich zu ihm an unseren roten Tisch: "Na sag schon, was ist los?" Überrascht blickte er auf. "Woher willst du wissen, dass etwas los sein sollte?" "Ach du, ist nur eine Vermutung. Aber normalerweise gießt du die Milch in die Schüssel mit den Cornflakes und nicht damit die Blumen. Und die Salamischeibe als Kaffeefilter zu benutzen ist schon beinahe unglaublich innovativ!" Gemeinsam betrachteten wir das Malheur und verfielen in ein lautstarkes Prusten und Lachen. "Weißt du, ich habe darüber nachgedacht, wie leicht doch als Kind alles war. Man wusste wie der Tag abläuft und hatte sich nicht groß Gedanken zu machen." "Da hast du Recht. Eine schöne Kindheit gehabt zu haben ist echt was wert. Ich denke gerne zurück. Meistens hör ich mir dann die Intro-Lieder von ganz alten Serien an. Aber wo ist bei dir eigentlich der Unterschied zu heute? Du bist doch ohnehin nur ein Geist? Und ein Wal von Traurigkeit bist du ja nach wie vor nicht gerade." Qual warf mir seinen Touché-Blick zu und sagte: "Hol mir die Erdnuss, die vor dem DVD-Player liegt, dann erzähl ich dir mal was..."

Philoso-Fisches:

Wer sich auf seinen Lorbeeren ausruht, ist selbst Schuld. Moos ist viel bequemer.

Qual und die Kunst

"Es ist soweit, wenn das Publikum bitte Platz nehmen würde", forderte Qual mich freundlich auf. "Hier ist kein Publikum, nur ich. Und die zwanzig Stühle kannst du später selbst wegräumen." Kopfschüttelnd sah ich mich um. Akkurat hatte er vier Reihen in das Wohnzimmer gestellt, die leicht kreisförmig um die Staffelei samt verhülltem Bild angeordnet waren. Ich setzte mich in die letzte Reihe. Gelassen fuhr Qual mit seiner Präsentation fort. "Werte Damen und Herren, liebe Freunde der Kunst. Hin und wieder kommt es vor, dass man sich von der Muse geküsst fühlt. In meinem Fall geschah dies sogar intensiv mit Zunge. Bevor sie nun einen Blick auf mein Ergebnis wochenlanger Arbeit werfen können, noch ein paar Informationen. Ich nenne es "Der letzte Schrei", ein Symbol für die weibliche Willenskraft während der periodisch auftretenden Sonderveranstaltungen in der Wirtschaft, insbesondere im Einzelhandel", erklärte Qual stolz sein Werk.

"Und nun der Moment, auf den sie alle gewartet haben, ich möchte sie allerdings bitten, keine Fotos zu machen." Elegant zog Qual das Bettlaken von der Staffelei. Erwartungsvoll sah er mich an. "Respekt, darauf muss man erst einmal kommen. Edvard Munch wäre bestimmt begeistert." Per Photoshop hatte Qual "Der Schrei" um eine Szene im Sommerschlussverkauf ergänzt, der Schreiende hält einen Schuh und hat in seiner Version lange Haare. "Ich wusste, es würde dir gefallen. Eine Daueraustellung können wir trotzdem nicht daraus machen, die Haare hab ich mit den Nudeln von gestern dargestellt..."

Qual und die Langeweile

An einem gewöhnlichen Tag bei gewöhnlichem Wetter saßen wir ungewöhnlich still in der Wohnung. Die Sonne konnte sich nicht wirklich zum Scheinen entscheiden, aber total bewölkt war es auch nicht. Im Fernsehen lief die x-te Variante von Scripted Reality. Schon wieder. Oder immer noch? Ein Bauer im Brennpunkt hatte seine Frau getauscht, wusste aber nicht mehr mit wem, geschweige denn wogegen. Haben die Autohändler etwas damit zu tun? Ein Fall für die Schulermittler und die Kommissare von K11.

"Das Daewoo K11 ist das Gewehr des südkoreanischen Militärs", warf Qual ein Mosaikstückchen seines scheinbar grenzenlosen Wissens in die Runde. Ich nickte anerkennend, konnte mich aber nicht wie sonst für seine ihm eigene Didaktik begeistern. Nicht einmal das Fremdschämen für das im TV gezeigte machte diesmal Spaß. "Mir ist langweilig", klagte ich. "Dann bring den Müll runter", schlug Qual postwendend vor. Ich betrachtete die übergequollenen Eimer und die vielen Tüten.

"Das ist aber auch langweilig. Wobei, richtig betrachtet existiert so etwas wie Langeweile ja überhaupt nicht. Langeweile ist nur das Ergebnis der Faulheit nach Spaß zu suchen. Demnach müsste es auch heißen „mir ist faul“ statt „mir ist langweilig“. Nach Heidegger gibt es drei Phasen der Langeweile, ich fühle mich momentan in allen omnipräsent.“ Ich schaute erneut auf den Müll. "Sage mal, hast du den Müll getrennt und dann nach Farben sortiert?" "Naja...mir war faul."

Qual und der Nebenjob

Um unseren klammen Geldbeutel ein wenig aufzubessern, suchten Qual und ich in Inseraten nach passenden Nebenjobs für mich. "Du könntest doch Babysitter werden", schlug Qual schließlich vor. "Du arbeitest eh am liebsten von zu Hause aus. Ist zwar in dem Fall nicht deines, aber immer noch besser als ein steriles Büro. Außerdem ist das sicherlich mal gut für dein Ego, wenn du in einem Gespräch ausnahmsweise nicht intellektuell unterlegen bist. Was sagst du?" Qual tippte mit erwartungsvollem Blick auf die Anzeige.

Betreuung für 2 Kinder im Schulalter: Wir suchen für unsere Kinder (Sohn Erwin (8) und Tochter Felicitas (6)) einen netten Aufpasser, gerne auch älter, der sich diese Aufgabe zutraut.

"Unterschätze bitte kleine Kinder nicht. Das hat man mit den Halblingen in Mittelerde auch gemacht. Am Ende haben die Hobbits dann allerdings den Ring zerstört", gab ich zu bedenken. "Und der Begriff "Aufpasser" schreckt mich hier sowieso ab. Wer schreibt denn Aufpasser? Klingt ja schon fast wie Wärter. Ich sage dir, dass das mit Sicherheit keine normalen Dreikäsehochs sind." Qual fing lauthals an zu lachen. "Hast du Angst vor Minimenschen? Was sollten die dir denn tun können?" Mit erhobenem Zeigefinder mahnte ich: "Mag sein, dass sie im offenen Kampf mit mir chancenlos sind. Doch sie sind in der Überzahl und bewegen sich auf gewohntem Terrain. Das ist ein Heimspiel für die, ein entscheidender Vorteil." Mit besorgter Miene beschwichtigte mich Qual: "Geh mal doch lieber Zeitungen austragen..."

Qual und die Ostsee

Da Qual bereits über einen längeren Zeitraum eine Art schöpferische Blockade plagte, entschlossen wir uns kurzfristig für einen Erholungstrip ans Meer zu fahren. Immerhin reichte unser Geld für ein nobles Hotel an der Ostsee. Nachdem wir angekommen waren, gingen wir umgehend am Strand spazieren. „Meerluft wird dir gut tun“, prophezeite ich ihm. „Mehr Luft ist tendenziell immer besser als weniger Luft.“ Ich nickte zufrieden: „Na also, du machst auf Anhieb schon wieder schlechte Scherze.“ „Weißt du, was ein schlechter Scherz ist? Dass die Nordsee nicht Westsee heißt. Und noch komischer ist es, dass Ebbe und Flut in eben jenem falsch betitelten Meer vorkommen, nicht aber in der Ostsee. Dabei wäre das historisch passender: „Meer? Haben wir heute nicht. Da müssen sie in 5 Jahren wiederkommen. Aber schöne Röcke kann ich ihnen zeigen.“ Wobei Ostsee und Westsee klingt schon arg stark nach Teilung. Ist vielleicht doch ganz gut so, wie es ist.“

Schweigend liefen wir eine Weile nebeneinander her, bis ich eine Entdeckung machte. „Da! Sieh nur! Hier ist erst vor kurzem eine Herde Nordic Walker vorbeigekommen. Die Löcher ihrer Stöcke sind noch ganz frisch, nahezu perfekt ausgehöhlt. Der Alpha-Walker lief stets ein Stück vorneweg, danach folgte seine Gruppe. An dieser Stelle sind sie panisch auseinander gelaufen, die entgegenkommenden Abdrücke im Sand könnten von einem hundeartigen Tier sein.“ „Bestimmt ein Seewolf“, feixte Qual. „Und hier haben sie Rast gemacht“, beendete ich meine Spurenanalyse auf eine leere Packung Power-Müsliriegel zeigend. „Und du warst also mal Trapper im Wilden Westen?“, fragte mich Qual grinsend. „Zumindest habe ich alle Bücher von Karl May gelesen, Pflichtlektüre für alle Großstadtcowboys.“

Philoso-Fisches:

Es mag verwirren, aber auch Christen können einen Heidenspaß haben.

Qual und die Poesie

"Was schreibst du da?", wollte Qual wissen, nachdem ich wieder eine zusammengeknüllte Seite sauber neben den Mülleimer geworfen hatte. "Ach, das sind so Reime. Manchmal denke ich, da kommt eine gute Idee. Meistens ist es aber doch nur Schrott." "Lies mir mal was davon vor!" Ich wusste genau, dass Gegenwehr meinerseits seinen Wunsch nur noch erhärtet hätte, insofern tat ich ihm den Gefallen. "Pass auf. Ist aber nur ein Vers."

Nicht jeder, der Tomaten mag, isst auch gern Tomatenmark

"Also das sollte mal mit einem Mark weitergehen, der für seine Tomaten bekannt ist, quasi als Tomaten-Mark, der natürlich Tomaten mag. Aber dafür eine schreckliche Abneigung gegenüber Magerquark verspürt. Naja, wie gesagt, ich bin noch kein Erich Kästner." Irgendwie hatte ich aufbauende Worte erwartet, stattdessen hörte ich nur: "Hmmm...und ein Marc-Uwe Kling bist du auch nicht."

Qual und die Poesie II

"Ich bin jetzt übrigens ebenso ein Möchtegern-Dichter wie du!" Verstohlen linste Qual um die Ecke und wartete meine Reaktion ab. "Ist ja schön für dich, aber warum musst du mir das nachts um drei sagen?" "Hat was mit Wahrnehmung zu tun, jetzt kannst du am objektivsten deine Meinung dazu abgeben. Wenn sich dein Gehirn später wieder eingeschaltet hat, würdest du nämlich niemals mein Talent anerkennen. Und nun hör zu."

Berufsverkehr

Drücken, quetschen, weiter drängen
erbarmungslose Menschenmengen
Schubsen, pöbeln, kräftig schieben
wär ich nur zu Haus geblieben
Jammern, hadern und auch fluchen
Schwache haben hier nix zu suchen
Das Leben wär nur halb so schwer
gäbs die Werktage nicht mehr

Qual holte kurz Luft und ergänzte: "Eigentlich brauch ich deine Meinung gar nicht. Hab das Gedicht schon mit deinem Facebook-Profil gepostet, da hat es zehn Leuten gefallen. Das ist der Beginn von was ganz Großem. Mein Künstlername ist ab sofort Basta Reims, stark oder? Werft die Halunken über Bord, ich bin der King vom gesprochenen Wort! Basta, basta, basta Reims. Und wenn ich...Sag mal SCHLÄFST DU SCHON WIEDER???"

Qual und die Poesie III

“Duuuuu?” “Ja?” “Ich hab wieder was geschrieben…”, sagte Qual. “Du machst das mittlerweile echt gern, was? Na dann schieß mal los.”

Haarsträubend

Es saßen zwei Katzen mit Glatzen
auf der Treppe und zogen Fratzen

Da berührte eine Katze mit der Tatze
der anderen Katze Glatze

Die Katze mit der Tatze
auf der Glatze kratzte
sich nur kurz, und sagte dann :
“Uffs Maul?!”

Und die Moral von der Geschichte:

Ob stark behaart, oder eher licht, berühre andere Köpfe nicht!

“Und?”, fragte Qual. “Ja, ist ganz nett. Behandelt auf witzige Weise ein Gebiet der Höflichkeitsformen. Gerade im asiatischen Raum solltest du damit gut ankommen. Kann dir aber leider nicht sagen, was Glatze auf Mandarin heißt. Haha. Asiatischer Raum und Katzen. Meine Güte, immer dieses Klischeedenken. Moment. Wo ist Peter?” “Hiermit garantiere ich, dass bei der Suche nach Inspiration keine Katzen oder wahlweise auch schwarze Kater zu Schaden kamen. Jedenfalls nicht mehr, als er ohnehin verträgt. Was ihn nicht umbringt, macht den doch nur noch härter!”, schrie Qual und schwebte davon.

Qual und die Schulden

Auf dem roten Küchentisch lagen stapelweise Rechnungen, Mahnungen, Verträge (unter anderem der zu Quals Smartphone), ein stylischer Abakus und ein alter Taschenrechner. Qual kam gut gelaunt herein. "Was treibst du da?" Ohne ihn anzusehen antwortete ich: "Wir haben Schulden, Qual. Wir leben über unsere Verhältnisse." Überrascht ließ er sich etwas herabsinken. "Wie können wir Schulden haben? Du gehst doch arbeiten!" Ich hatte Mühe mich zu beherrschen. "Natürlich tue ich das. Bis ich dich kennengelernt habe, war das für meinen Lebensstil auch mehr als ausreichend. Aber DU musstest ja hier hereinspazieren und Geld für alles Mögliche ausgeben! Was bist du? Grieche?"

Qual war gekränkt: "Zähl mir bitte drei Dinge auf, mit denen ich unnötigerweise unser Konto belastet habe!" Zielsicher ging mein Griff in Richtung der Rechnungen, in beliebiger Reihenfolge zählte ich auf: "Wir haben Dutzende Abonnements, darunter das "Crappie World Magazine" und das "Miniature Donkey Talk Magazine". Zudem hast du eine Versicherung für den natürlich sehr wahrscheinlichen Fall eines Blinddarmdurchbruchs bei mir abgeschlossen. Wir spenden monatlich gefühlten hundert SOS-Kinderdörfern, UNICEF und dem DRK! Und jetzt kommt der Hammer! DU hast dir einen BAGGERSEE gekauft!" Qual schnaufte kurz durch. "Also zum einen habe ich gesagt, du sollst mir unnötige..." "QUAL!!!" "Okay, okay, ist ja gut. Einen Baggersee? Wie ulkig und passend zugleich. Eigentlich wollte ich nur einen Bagger haben." Ich schlug die Hände vor dem Kopf zusammen. "Warum zum Teufel wolltest du dir einen Bagger besorgen?" Wie selbstverständlich antwortete er: "Na um damit einen See freizuschaufeln. Das ist ja der Witz." Qual merkte, dass ich mir das Lachen für später aufhob.

Qual und die Superhelden

Nachdem ich auf dem Dachboden ein altes Comic-Heft aus dem Jahre 1973 entdeckt hatte, waren Qual und ich wochenlang damit beschäftigt, sämtliche Erzeugnisse von Marvel und DC Comics zu ergründen und miteinander zu vergleichen. Unsere Leidenschaft nahm mit der Zeit ungeahnte Züge an. Neben den DVDs der Verfilmungen, selbstredend als Special Edition oder Steelbook mit Audio-Kommentar des Regisseurs und lustigem Magnetbild für den Kühlschrank, erwarben wir unter anderem ein Iron Man-Bügeleisen, einen Batman-Bademantel samt Bat-Badezusatz, Spider-Man-Netzstrümpfe und eine lebensgroße Nachbildung von Magneto, der uns fortan auf dem Dach als Blitzableiter diente. Nach dem Essen spielten wir regelmäßig bis in die Nacht unser selbstgebasteltes Superhelden-Quartett. Dabei gerieten wir allerdings ziemlich oft in Streit.

“Wieso hat Spider-Man in der Kategorie Kostüm nur 6 von 10 Punkten?”, fragte ich. “Warte mal bis der Spinner seine Midlife Crisis hat, dann wirst du sehen, was ich meine. Mit einer formidablen Plautze kommt ein hautenger Anzug nun mal nicht so gut an”, rechtfertigte Qual seine Entscheidung. “Superman sieht auch nicht super aus, nur das S auf der Vorderseite!” “Dafür traut er sich unmaskiert in die Öffentlichkeit, klarer Trumpf.” Ich protestierte: “Wenn ich ein Typ von einem anderen Planeten wäre, der auf der Erde zufällig günstigere Bedingungen vorfindet und dadurch übertrieben stark ist, könnte ich auch ohne Maske Bankräuber verdreschen!” “Hmm. Du hast ja irgendwo Recht. Können wir uns denn auf einen Superhelden einigen, der uns beiden gefällt?” Ich überlegte. “Batman ist schon ein cooler Typ.” Qual stimmte zu: “Der schwarze Ritter! Loggen wir ein! Einer der wenigen Superhelden, der keine wirklichen Superkräfte hat, sondern sich alles über Jahre hart erarbeitete. Tagsüber angesehener Bürger, nachts kompromissloser Prügelknabe. Das schafft sonst nur Wayne Rooney.”

Philoso-Fisches:

Cornflakes ohne Milch sind wie eine Symphonie von Franz Schubert: unvollendet.

Qual und die Wellness-Oase

Beim Gewinnspiel eines örtlichen Spa & Beauty-Wohlfühltempels hatte die Jury aus allen eingesendeten Lösungen Quals Antwort als die beste auserwählt. Gefragt worden ist, was man für einen Raum zum Entspannen unbedingt benötigt. Qual: „Wände!“ Der Veranstalter bezeichnete seine Antwort bei der Bekanntgabe des Siegers als visionär und zukunftsweisend, als ultimative Form des Bewusstseins mit Blick auf das Wesentliche.

Da Qual selbst nicht körperlich verwöhnt werden konnte, nahm ich den Preis, einen kostenlosen Tag in erwähntem Wohlfühltempel, für ihn an. Nach den ersten Sauna-Gängen und einem ayurvedischen Allerlei trafen wir uns an der Cocktailbar. „Du hast echt was gut bei mir. Traumhaft! Gibt es eigentlich Tiere, die sich so behandeln?“ „Natürlich! Schimpansen sind Meister der Shiatsu-Ganzkörpermassage! Es gibt Tage, an denen sie sich permanent gegenseitig die Fußreflexzonen verwöhnen lassen. Oder Schildkröten! Wie oft sieht man Schildkrötenpaare verträumt am Strand entlang watscheln? Ständig! Im Mondschein tätschelt das Männchen dann in rhythmischen Bewegungen mit der zuvor in Kokosmilch getauchten Flosse liebevoll den Panzer des Weibchens, bis dieses eingeschlafen ist“, schilderte Qual.

„Echt?“ „Nein, du Nase! Tiere müssen so etwas nicht tun, weil sie sich ihrem Bauplan entsprechend verhalten und dadurch eben keine Blockaden, Verrenkungen und Reizungen zuziehen. Die Natur hat nun einmal nicht vorgesehen, dass der Mensch zehn Stunden am Tag im Büro sitzt und auf Bildschirme starrt, während der Zeigefinger der rechten Hand mit der Maus alles anklickt, was sich bewegt.“ „Ich spiele schon lange nicht mehr Moorhuhn...“

Qual und das Fernsehen

*Willst du viel, spül mit...*Zapp! *...dem neuen Staubsauger von...* Zapp! *...führenden Pharmaunternehmen...* Zapp! *...nur diese Woche mit 0%-Finanzierung.* Zapp! *Herzhaft wie...* Zapp! *...Scheidenpilz...* Zapp! *und mit einem Wisch ist alles weg.* Zapp! *Herkömmliche Waschmittel...* Zapp! *...vertrauen auf...* Zapp! *...die serienmäßige Einparkhilfe, die...* Zapp! *...macht Kinder froh und...*Zapp! *...damit kann man sogar reiten, schwimmen und Fahrrad fahren.* Zapp! *"Bist auch du auf der Suche. nach einem erotischen Abenteuer in deiner Umgebung? Ruf an! Heiße Frauen ab 80 wart..."*ZAPP!

"Heute läuft echt gar nichts im TV", stöhnte Qual und machte den Fernseher aus. „Hast du denn etwas anderes erwartet?", fragte ich ihn. Qual durchstöberte die Fernsehzeitung. „In Anbetracht der Vielzahl an Sendern, ob nun private, öffentlich-rechtliche oder kostenpflichtige, müsste doch wenigstens irgendwo ein Minimum an Unterhaltung zu finden sein." „Im MDR kommt heute die Sendung „Spur der Ahnen – Jede Familie hat ein Geheimnis". Thema diesmal: Meine Vorfahren – Die Raubritter. Klingt das nicht spannend?" Ohne seine Antwort abzuwarten, griff ich nach der Fernbedienung und schaltete ein. ZAPP:

Räuber: „Morschn die Dame! Schulldjung! Gänsefleisch mal die Binunnsen rausrügge? Sonst gieks ich sie!"

Dame: „Blähgn sie doch nicht so, sie Dämlak! Wofür brauchen sie das denn?"

Räuber: „Eine Bemme und einen Käseklitscher will ich kaufen!"

Dame: „Nu zieh nicht son Flunsch, da haste. Bis bälde."

Räuber: „Danke. Und nu Gusche zu! Und nicht so gloddsn! Machenses hibsch!"

Qual seufzte: „Immer diese Mitteldeutschen mit ihren komischen Comedy-Serien... Mdr sind im Französischen übrigens die Initialen von mort de rire. Fühle mich derzeit aber nicht gerade so, als müsste ich vor Lachen sterben.“

Qual und die Zeit

“Kommst du nun mit zur Ausstellung?”, fragte Qual. “Nein, leider nicht. Ich hab noch was zu erledigen, die Arbeit muss bis morgen fertig werden”, sagte ich ohne meinen Blick vom Laptop zu wenden. Qual wirkte enttäuscht. “Wieso musst du auch so viel arbeiten?” Nun sah ich ihn doch an. “Du trägst ja nichts zur Miete bei, im Gegenteil. Außerdem ist es irgendwie ein schönes Gefühl, wenn man weiß, dass man sich etwas leisten kann.” Quals Gedanken in seinem Kopf schwirrten in diesem Moment wahrscheinlich so wie er durch die Küche herum.

Er erwiderte schließlich: “So sehr ich es auch genieße, mal den teuren Käse zu konsumieren, so missfällt es mir, dass du zurzeit eben keine Zeit hast. Es stimmt: Zeit ist Geld, weil du beim Arbeiten letzteres verdienst. Und das braucht man in eurer Gesellschaft in der Regel nun mal. Aber Geld ist nicht Zeit. Da liegt das Problem. Was bringt dem Menschen Reichtum, wenn er dafür Augenblicke unwiederbringlich verrinnen lässt? Wenn du alt bist, hast du vielleicht finanzielle Sicherheit, aber zu welchem Preis? Worauf hast du bis dahin verzichtet? Was du verpasst hast, kannst du mit keinem Geld der Welt zurückkaufen.” Er hatte Recht. Trotzdem musste ich ihn zumindest an diesem Tag vertrösten. “Ich bin ja noch kein Worcaholic, keine Bange. Die Balance stimmt bei mir.” Qual schaute mich schief an. “Ach ja? Wann warst du denn das letzte mal beim Fußball? Wie oft holst du deine Lieblingseisenbahn aus Kindertagen vom Dachboden? Mit wem wolltest du dich mal längst wieder treffen?” “Na gut, Schachmatt. Was soll ich tun?” Qual nickte zufrieden. “Erst machst du dein Projekt fertig, die Pflicht ruft. Und morgen kaufst du neuen Käse. Nach der Arbeit kümmere ich mich dann um das Vergnügen. Betrachte mich als deinen persönlichen Zeitgeist”, sagte Qual augenzwinkernd.

Qual und Mark Wa(h)lberg

"Irgendwann werden sich die Pflanzen rächen!", behauptete Qual plötzlich. Bis zu diesem Zeitpunkt war es eigentlich ein gemütlicher Sonntag ohne Anzeichen eines tiefgreifenden Diskurses. "Na schön. Wie kommst du darauf?", fragte ich mehr genervt als interessiert, "hast du zu oft "The Happening" gesehen?" Quals Augen begannen zu leuchten.

"Dr. Wahlberg präsentiert in dieser höchst authentischen Action-Dokumentation eindrucksvoll den Einfluss des Menschen auf die Umwelt und dessen Folgen." "Momentchen mal. Action? Die meiste Zeit sieht man doch, wie dein geschätzter Herr Wahlberg durch die Gegend läuft und sich vor Wind fürchtet. Der Wind ist klasse dargestellt, sah zugegebenermaßen selten bedrohlicher aus. Abgesehen von "Twister" vielleicht. Trotzdem bleibt es ein mittelmäßiger Hollywood-Streifen, nix mit Doku. Und überhaupt, DOKTOR Wahlberg, wo hast du das denn her?" Qual atmetete tief ein, ehe er mit Pathos in der Stimme entgegnete: "Ein Mann mit drei Nippeln lügt nun mal nicht!"

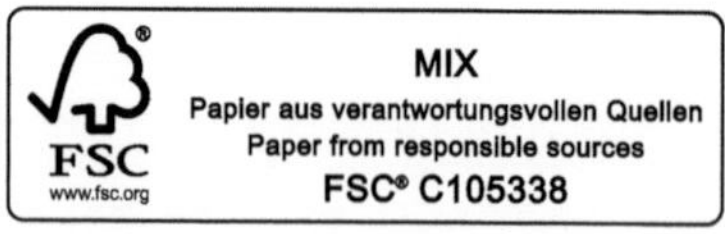

Printed by Books on Demand GmbH, Norderstedt / Germany